AF246475

JUSTIFICATION
DES USAGES
DE FRANCE

SUR LES MARIAGES DES ENFANS
de Famille faits sans le consentement
de leurs parens;

OÙ L'ON FAIT VOIR,

QUE LES ORDONNANCES
de nos Rois ne sont point contraires aux Decrets du
S. Concile de Trente, & qu'elles sont conformes aux
Loix Ecclesiastiques & Civiles qui ont été observées
dans l'Eglise Grecque & Latine pendant les dix
premiers Siécles.

Par P. LE MERRE, Advocat en Parlement.

A PARIS,

Chez ANTOINE DEZALLIER, ruë Saint
Jacques, à la Couronne d'Or.

M. DC. LXXXVII.

Avec Approbations & Privilege.

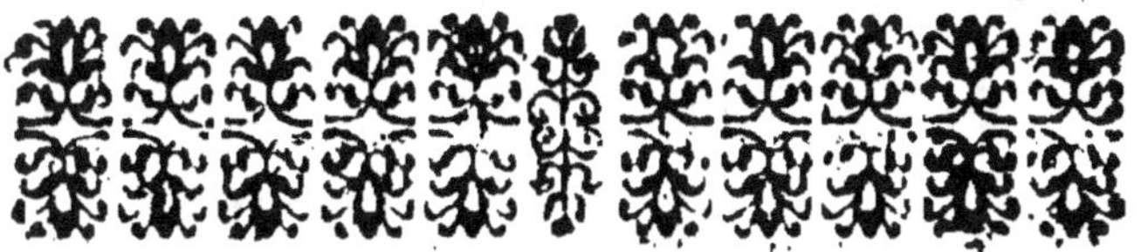

PREFACE.

IL y a tres-peu de matieres sur lesquelles nous ayons plus besoin d'éclaircissement, que nous en avons sur celle que j'entreprens d'expliquer dans ce Traité. On croit communément que le saint Concile de Trente a condamné la Jurisprudence qu'on observe dans ce Royaume sur les mariages des enfans de famille, qui ont esté faits sans le consentement de leurs parens; mais on est partagé sur l'authorité de ce decret. Plusieurs

á ij

foûtiennent qu'on ne doit pas
y avoir égard en France, pendant que nos Souverains feront perfuadez qu'il eft contre le bien de l'Etat de l'y faire
executer. D'autres pretendent
que nonobftant la rigueur des
Ordonnances, tous lés Catholiques font obligez de reconnoître ces mariages pour legitimes. Cette diverfité de fentiment trouble le repos d'un
grand nombre de familles,
dont les enfans fe repentant de
leur vie paffée, ont abandon-
né les engagemens que la débauche leur avoit fait prendre,
& fuivant la volonté de leurs
parens ont recherché des alliances conformes à leur Etat.

PREFACE.

Les anciens uſages ſur les
mariages des enfans de famille, m'ont fait douter ſi le Decret du ſaint Concile de Trente eſt contraire aux Ordonnances de nos Rois. Ie croiois
avec beaucoup de peine qu'u-
ne aſſemblée compoſée d'un
grand nombre de ſaints &
ſçavans Evêques, eut condamné avec tant de ſeverité une
Diſcipline que pluſieurs Conciles ont conſiderée comme
tres-ſage & tres-neceſſaire, &
que l'Egliſe Grecque & Latine
a fait obſerver avec beaucoup
de ſoin pendant les dix premiers ſiecles.

Aprés avoir examiné toutes
les paroles du Decret, il m'a

ã iij

semblé fort clair contre l'erreur des Protestans qui enseignent communément que le consentement des parens est necessaire de droit naturel & de droit divin pour la validité des mariages de leurs enfans, & que s'ils ne veulent pas y consentir, ils peuvent les rendre nuls par la seule authorité paternelle, indépendemment des Loix de l'Eglise & de l'Etat ; mais n'y ayant rien trouvé d'exprés contre nos usages, j'ay crû que tout ce que l'on dit ordinairement de l'opposition de ce saint Concile avec les Ordonnances de nos Souverains sur les mariages des enfans de famille, pou-

voit n'être fondé que sur une
fauſſe explication d'un Decret
de ce Concile.

Deux autres raiſons m'ont
confirmé dans ce ſentiment.
La premiere eſt priſe de la maniere dont ce Decret a été fait
ſuivant le témoignage du Cardinal Palavicin & de Frere
Paul, & de ce que ces deux Hi-
ſtoriens diſent que les Peres de
ce Concile penſoient des mariages des enfans de famille,
faits ſans le conſentement de
leurs parens. La ſeconde eſt tirée de la conduite & du deſſein
de ces mêmes Peres, & des ſuites fâcheuſes ou ce Decret engageroit s'il faloit l'expliquer
dans le ſens qu'on luy donne
ordinairement.

PREFACE.

Lors que je ne faifois attention qu'au Decret du faint
Concile de Trente, ces raifons me perfuadoient qu'il n'a
point authorifé les mariages
des enfans de famille condamnez par les Ordonnances de
nos Rois, mais auffi-toft que
je confiderois que le fentiment contraire eft univerfel-
lement reçû, j'accufois ma foi-
bleffe de ne pouvoir comprendre ce qui paroift évident à
tout le monde, & je me con-
damnois d'autant plus aifé-
ment que je ne pouvois pen-
fer que ces raifons fuffent inconnuës à un tres-grand nombre de Sçavans qui fuivent
l'opinion commune. Ie crû

cependant que je devois en conferer avec quelques perſonnes d'érudition, plûtoſt afin d'apprendre en quoy je me trompois, que dans le deſſein de les perſuader de la verité de mes reflexions.

l'en ay conferé avec pluſieurs, ils ont tous approuvé les raiſons qui m'ont fait douter ſi les Peres du ſaint Concile de Trente ont été dans le ſentiment qu'on leur attribuë, & l'explication du Decret que je tâche d'établir dans ce Traité, leur a paru beaucoup plus conforme à l'eſprit de ces ſaints Evêques, que celle qu'on donne ordinairement.

PREFACE.

J'ay appris du depuis, que c'eſt le ſentiment de feu Monſieur l'Avocat General Bignon. L'authorité de ce grand homme, dont l'érudition profonde, & les lumieres penetrantes ont paſſé pour un prodige dans noſtre ſiecle, m'a perſuadé que l'opinion contraire eſt devenuë commune, parce qu'on n'y a pas fait aſſez de reflexion. La juſte moderation que cet Illuſtre Magiſtrat à toûjours gardé dans ſes ſentimens, ſon attachement inviolable aux intereſts de l'Egliſe, & ſon application ſinguliere pour penetrer qu'elle en eſt l'eſprit ſur toutes choſes, mais principalement ſur cette matiere, ſont autant de nouvelles raiſons qui m'ont attaché aux vûës que j'avois euës & que j'explique dans ce Traité, & je ne dou-te pas qu'elles ne ſoient un motif tres-puiſſant pour les faire recevoir à beaucoup de perſonnes.

Je dis ſon application ſin-guliere pour penetrer l'eſptit de l'Egliſe ſur cette queſtion, parce que l'honneur que le Roy luy a fait de le choiſir pour dreſſer l'Ordonnance de 1639, & les devoirs de ſa Charge d'Avocat General au Parlement de Paris, qu'il a en-core exercée pluſieurs années aprés la publication de cette fameuſe Ordonnance, l'ont obligé d'y penser plusieurs fois avec toute l'application que demande l'importance de cette matiere.

Voila les principales raisons qui m'ont determiné à faire ce Traité public. I'ay crû qu'entre ceux qui prendront la peine de le lire, il pourra y en avoir du sentiment de plusieurs personnes d'une profonde erudition, avec lesquelles j'en ay conferé, & j'espere que mon dessein determinera quelque sçavant homme à travailler sur le même sujet, qui persuadera les autres que l'usage dans lequel on estoit du temps du saint Concile de Trente, de tolerer les mariages des enfans

PREFACE

de famille, quoy qu'ils eûssent
été faits contre la volonté de
leurs parens, a donné lieu à
l'explication commune de ce
Dec et, & que les Autheurs qui
ont écrit depuis, n'ayant pas
fait affez d'attention à la maniere dont il eft compofé, n'y
à l'intention des Peres qui l'ont
fait, ils ont crû qu'ils avoient
authorifé ces mariages, quoy
qu'ils ayent voulu feulement
condamner les Proteftans.

Il eft étonnant combien les
ufages du fiecle où l'on vit,
ont de force fur les efprits méme des plus fages & des plus
éclairez. *a* Saint Thomas d'A-
quin en eft un grand exem-

<hr>

a S. Thom. 2. 2. q. 88. art. 8.

PREFACE.

plo. Ce sçavant Authour dont
les doctes écrits l'ont fait ap-
peler l'Ange de l'Ecole, exa-
minant dans la seconde partie de sa somme, à quel âge
les enfans sont capables de faire des vœux de Religion, s'est
laissé surprendre par l'usage de
son temps, qui étoit de recevoir des filles Religieuses lors
qu'elles avoient douze ans accomplis, & sans faire d'autres
reflexions sur l'esprit de l'E-
glise, & sur la Discipline qu'elle a fait observer pendant
qu'elle n'a pas été obligée d'u-
ser de dispensation, il conclut
pour la discipline de son siecle ;
ce qui doit causer plus
d'étonnement, c'est que dans

PREFACE.

de même lieu ce grand Theo-
logien apporte tous les prin-
cipes sur lesquels il faut determiner la validité des vœux, &
l'âge necessaire pour les faire
prudemment. Je ne doute pas
que son sentiment ne fût encore l'opinion commune si
l'Eglise n'en n'avoit ordonné
autrement, & que plusieurs ne
confondissent sur cette matiere, comme ils font sur les
mariages des enfans de famille,
& sur beaucoup d'autres, ce
que l'Eglise a seulement toleré
avec ce qu'elle authorise.

Les usages des derniers siecles sont aussi la principale raison pourquoy les Evêques qui
ont assisté au saint Concile de

Trente , n'ont pas été tous
d'un même sentiment lors
qu'on y a proposé de corriger
des abus que l'Eglise toleroit
avec beaucoup de peine depuis
long-temps. Ceux qui ont écrit
l'Histoire de ce Concile en
rapportent plusieurs exemples.
Il n'y avoit point d'abus plus
opposez à la sanctification des
Fideles , & qui causassent des
desordres plus grands dans l'E-
glise & dans l'Etat , que les
mariages clandestins , cependant lors qu'on proposa de les
condamner, plus de cinquante Peres s'y opposerent, entre
lesquels étoient le Cardinal Simonette un des Presidens du
Concile, & le Patriarche de Jerusalem.   II

Il y a beaucoup d'autres Décrets du même Concile qu'on a expliqué communément dans un sens tres-different de ce que les Peres qui les ont faits, ont voulu ordonner. Cette remarque m'a fait croire qu'il pouvoit être arrivé la même chose de celuy qui est sur les mariages que les enfans de famille font sans le consentement de leurs parens.

Les Theologiens qui ont écrit depuis le Concile de Trente, sur l'indissolubilité du mariage, citent le 7. Canon de la Sess. 24. comme si les Peres de ce Concile avoient condamné ceux qui soûtiennent que Jesus-Christ n'a

é

point deffendu de diſſoudre
pour de grandes raiſons, par
exemple pour cauſe d'adultere,
les mariages conſommez ; c'eſt
le ſentiment même des plus
celebres, comme ſont le Cardinal Bellarmin , Maldonat,
Eſtius, & tous les autres. Cependant il eſt certain que ce
n'eſt point le ſens de ce Canon. Je feray voir évidemment dans ce Traité , que les
Peres de ce Concile n'ont pas
voulu condamner les Grecs
qui ont retenu leur ancien u-
ſage de diſſoudre pour cauſe
d'adultere , ou quelqu'autre
conſiderable, les mariages conſommez. Nos uſages, & la doctrine ſur l'indiſſolubilité du

mariage univerſellement approuvé dans l'Egliſe Latine
depuis pluſieurs ſiecles, ont
fait recevoir aux Theologiens
cette fauſſe interpretation; ils
ont voulu ajoûter l'autorité
du ſaint Concile de Trente à
toutes les preuves qu'ils aportent pour établir cette verité.
Mon principal deſſein dans
ce Traité, eſt de faire une A-
pologie du ſaint Concile de
Trente ſur les mariages des
enfans de famille, faits ſans
le conſentement de leurs parens, c'eſt le titre que j'y avois
mis d'abord, & qui eſt de-
meuré dans des copies manuſ-
crites qui ſont entre les mains
de quelques perſonnes d'éru-

dition. Les absurditez qui
m'ont paru être des suites necessaires de l'explication que
l'on donne ordinairement à ce
Decret, m'avoient determiné
à y mettre ce titre. Mais parce
que je n'examine pas seulement quel est le sentiment du
Concile de Trente, & que je
tâche d'établir que nos usages ont été observez dans l'E-
glise Latine pendant les dix
premiers siecles, & que l'Eglise Grecque les a toûjours con-
servez, j'ay cru que ce titre
n'expliquoit pas assez toute la
matiere qui est traitée dans ce
Livre, & qu'il seroit mieux intitulé, *Justification des usages
de France sur les Mariages des*

enfans de famille, faits fans le
confentement de leurs parens.

Je ne pretens pas que toutes les raifons que j'ay appor-
tées, foient autant de convi-
ctions que le Decret du faint
Concile de Trente fur les mariages des enfans de famille
n'eft point contraire aux Ordonnances de nos Rois, fi elles font affez fortes pour rendre la chofe incertaine, cela
fuffit pour le deffein que je me
fuis propofé, parce que ce qui
n'eft fondé que fur une explication fort douteufe d'un Decret de l'Eglife, ne peut être
un fondement legitime de
troubler la paix d'un Etat, &
de s'oppofer aux Ordonnan-

ces de nos Souverains, qui veulent rétablir les anciens usages que les Superieurs Ecclesiastiques & les Princes Chrestiens les plus religieux, ont fait observer avec beaucoup de soin pendant les dix premiers siecles.

Certificat de Monsieur Issali ancien Avocat au Parlement, commis par Monseigneur le Chancelier pour lire ce Traité.

J'Ay lû ce Livre qui a pour titre, *Justification des usages de France sur les mariages des enfans de famille, faits sans le consentement de leurs parens, &c.* L'Auteur y établit tres-solidement les fondemens des Ordonnances de Blois & de 1639, & de la Jurisprudence de tous les Parlemens du Royaume, qui declarent non valablement contractez les mariages des enfans de famille mineurs de 25. ans faits sans le consentement de leurs parens, ce qui est conforme aux regles du droit Civil & du droit Canonique. Mais davantage, il éclaircit & répond avec tant de netteté & de force, à l'objection tirée du Decret du Concile de Trente au Chapitre premier de la Session 24. *de reformatione*, que font tous ceux qui ne se font pas donnez la peine d'examiner à fonds cette matiere, qu'il y a sujet d'esperer qu'ils demeureront convaincus en lisant cet Ouvrage avec un esprit d'équité

& sans aucune préoccupation, que l'intention du Concile n'a été que de condamner la doctrine des Protestans. Je puis assurer que c'étoit le sentiment de feu Monsieur Bignon que l'on sçait avoir travaillé à rediger l'Ordonnance de 1639. par les Ordres du feu Roy Loüis XIII. Ce grand homme dont la profondeur du sçavoir a été connuë de toute l'Europe, mais dont la pieté humble & respectueuse envers l'Eglise, est encore plus digne d'estime & de vénération, a dit souvent non seulement dans ses entretiens ; mais encore dans la Grand'Chambre du Parlement, y portant la parole pour le Roy en qualité de son Advocat General, dans les causes de Mariages d'enfans de Famille mineurs, contractez sans le consentement de leurs parens, que le Concile n'avoit fait son Decret que pour condamner le dogme des Lutheriens & des autres Protestans, & il appuyoit son Avis sur les mêmes raisonnemens de cet Auteur, ce que je certifie. A Paris ce 25. Septembre 1686.

QUoy qu'il ne soit pas permis aux Fidéles de se départir des définitions des Conciles generaux, ausquelles ils doivent rendre une parfaite & sincere obéïssance ; il leur est toutefois loisible de faire leurs efforts pour en découvrir l'intelligence & en pénétrer le sens : Et comme il y a peu de définitions dans le Concile de Trente qui soient d'une aussi grande importance pour l'Eglise & l'Etat, que celle qui touche les Mariages des Enfans de Famille, contenuë dans la Sess. 24. ch. 1. de la Reformation du Mariage, on doit sçavoir gré à l'Auteur de l'Ecrit qui a pour titre, *Justification des Usages de France sur les Mariages des Enfans de Famille faits sans le consentement de leurs parens*, qui tâche d'en découvrir le veritable sens, & de concilier ce que les deux Puissances ont reglé dans tous les Siécles Chrétiens sur cette matiére. Cet Ecrit nous a paru plein d'érudition & de reflexions tres-judicieuses,

& il ne contient rien de contraire à la pureté de la Foi & des bonnes mœurs. C'est le témoignage que les Docteurs soussignez ont délivré à l'Auteur le 28. Decembre 1686.

T. ROULLAND.

LE FEUVRE Professeur Royal en Theologie.

BLAMPIGNON Curé de saint Mederic.

L. HIDEUX Curé des SS. Innocens.

G. LEBAS, Curé de S. Christophe.

AVERTISSEMENT.

ACtions notables & plaidoyez de Monsieur Servin. in fol. à Paris. 1630

Antonii Contii opera. in 4. Parisiis. 1616

Bibliotheca juris Canonici veteris, opera & studio Guilielmi Voelli Theologi ac socii Sorbonici, & Henrici Justelli. in fol. Lutetiæ Parisiorum. 1661

Capitularia Regum Francorum. in fol. Parisiis 1677.

Codex Theodosianus. in fol. Lugduni. 1665

Conciliorum collectio maxima :

ſtudio Philip. Labbæi & Gabr.
Coſſartii Soc. Jesu Presbytero-
rum , in fol. Lutetiæ Pariſiorum. 1672.

Corpus Juris Civilis , cum Notis
Dioniſii Gothofredi , in fol. Lutetiæ Pariſiorum ex Typogra-
phia Antonii Vitré. 1628.

Deciſiones & declarationes Illuſtr.
Cardin. Sacri Concilii Trident.
Interpretum quæ inter Deciſiones Rotæ Romanæ habentur ,
opera & ſtudio Joannis de Gallemart. in 12. Duaci. 1618.

Enchiridion Chriſtianæ inſtitutio-
nis in Concilio Provinciali Co-
lonienſi editum , in 12. Pariſiis.
1554.

Journal des principales audiences
du Parlement , in fol. à Paris.
1678.

Jus Græco-Romanum , ſtudio
Joannis Leunclavii ex variis Eu-
ropæ, Aſiæque Bibliothecis eru-
tum, in fol Francofurti. 1591.

Juris Orientalis libri tres ab Eni-

mundo Bonefidio J. C. digefti,
cum latina interpret. in 8. excudebat Henr. Stephanus. 1573.

D. Juonis Carnotenfis Epifcopi
opera. in fol. Parifiis 1647.

Inftruction & lettres concernant
le Concile de Trente, in 4. à
Paris. 1654.

Kemnitius, Genevæ fumptibus Petri Chouet, in fol. 1634.

Lamberti Schaffnaburgenfis, aliàs
Hirffeldenfis, hiftoriæ Germa-
norum, in fol. Francofurti ad
Mœnum. 1566.

Marci Frider. Vendelini Chriftia-
næ Theologiæ Syftema majus,
in 4. Caffellis. 1656.

Reginonis Abbatis Prumienfis libri
duo de Ecclefiafticis difciplinis
& Religione Chriftiana. in 8.
Parifiis. 1671.

Rivet. in fol. Roterodami. 1651.

Sigeberti Gemblacenfis Chroni-
con, in fol. Francofurti ad Mœnum. 1566.

Zanchius. excudebat Stephanus
Gamonetus. in fol. 1613.

TABLE
DES CHAPITRES.

ERRATA.

Pag. 70. *lig.* 4. observeroit, *lisez* observoit.
Pag. 114. *lig.* 7. collation, *lisez* collection.
Pag. 166. dans les citations. 150. *lisez* 1504.
Pag. 167. dans les citations. 183. *lisez* 1831.
Pag. 209. *lig.* 21. faits sans le consentement, *lisez* faits du consentement.
Pag. 236. dans les citations, 580. *lisez* 860.

dommages & interefts, ainfi qu'il
eft plus amplement porté par lef-
dites Lettres.

*Regiftré fur le Livre de la Com-
munauté des Imprimeurs & Libraires,
le 30. Octobre 1686.*

Signé, C. ANGOT, Syndic.

Achevé d'imprimer pour la premiere fois, le 31. Janvier 1687.

Et ledit Sieur LE MERRE a cedé
fon droit du prefent Privilege à
Antoine Dezallier Marchand Li-
braire à Paris, pour en joüir fuivant l'accord fait entr'eux.

JUSTIFI-

A
MONSEIGNEUR
DE HARLAY
PROCUREUR GENERAL.

Monseigneur,

*J'ay esperé que veillant à l'exe-
cution des Ordonnances avec toute
l'application que l'amour de la justice,
& les devoirs de la charge importante que vous remplissez, peuvent
inspirer, vous souffririez la liberté que j'ose prendre, de mettre ce*

livre sous vôtre nom. Il s'y agit,
MONSEIGNEUR, de justifier
un reglement tres ancien, & tres
important dans le Royaume, puisqu'il y a été religieusement observé
sous les deux premieres races de nos
Rois, & qu'il y fait encore aujour-
d'huy le fondement de la Jurisprudence, dans une matiere d'où depend
tout le repos, la paix, & la conser-
vation des familles. Je puis dire,
MONSEIGNEUR, que les
eclaircissemens que j'y donne sur un
des Decrets du Consile de Trente,
ne seront peut-être pas inutiles aux
nouveaux convertis. On sçait que
plusieurs d'entre eux ne le pouvant
acorder avec nos usages sur les Mariages des enfans de famille, prennent
occasion de condamner cette Sainte
Assemblée, & d'en rejetter les De-

crets qui regardent la foi. Ils ne peuvent comprendre qu'un Concile qui
prononce anathême contre les Souverains, parce qu'ils font observer
dans leurs Etats ces sages Loix que
l'Eglise a tant de fois confirmées,
ait été conduit par les lumieres du
saint Esprit. Vous sçavez mieux que
personne, MONSEIGNEUR,
les peines qu'ils ont là-dessus, vous
qui avez tant contribué par vôtre
zele, par vôtre douceur, & par
vôtre doctrine, à reunir à l'Eglise
tous les protestans de Paris, & qui
avez si bien secondé les intentions
de nôtre grand Monarque pour ra-
mener au veritable troupeau toutes
ces brebis égarées. Les Loix,
MONSEIGNEUR, que
vôtre modestie m'a prescrites, arrê-
tant icy l'inclination que j'aurois

EPITRE

de parler de ces grandes qualitez
qui vous distinguent si fort dans le
public, & qui vous attirent son
estime & ses respects, il ne me
reste qu'a vous faire des excuses
tres-humbles de la liberté que j'ay
ozé prendre de vous demander vôtre protection pour le livre que j'ay
l'honneur de vous presenter, j'aurois souhaitté qu'il eust pû meriter
cette grace par lui-même ; je tâcherai, MONSEIGNEUR,
de suppléer à ce qui lui manque
par mon attachement inviolable à
vous honorer, & le profond respect avec lequel je seray toûjours

MONSEIGNEUR,

Vostre tres-humble &
tres-obéiffant Serviteur
P. LE MERRE.

JUSTIFICATION
DES
USAGES DE FRANCE,
SUR
LES MARIAGES

Des Enfans de Famille , faits
fans le confentement de leurs
Parens.

CHAPITRE PREMIER.

*On explique la Queſtion, qui fait le
ſujet de ce Traité.*

Es Souverains étans per-
ſuadez que les mariages
font le Seminaire des
Etats, & le fondement
des Familles, qui compoſent les
Republiques, ils ſe font particu-
lierement appliquez à faire des
Loix ſur l'ordre public, qu'ils ont

A

crû neceſſaire pour en conſerver
l'honnêteté & la dignité. Ils ont
conſideré la ſoûmiſſion des enfans
à la volonté de leurs peres, dans
cette action qui eſt la principale de
la vie civile, comme une choſe des
plus importantes pour l'union des
familles, & le repos de l'Etat ; qui
eſt même comme le lien de l'obeïſ-
ſance legitime des ſujets envers
leur Souverain. Afin de retenir les
enfans dans leur devoir, ils ont ordonné diverſes peines, contre ceux
que le libertinage engageroit
dans des alliances contre la volonté de leurs parens ; Mais la
corruption des mœurs ayant ſouvent prévalu ſur leurs Ordonnances, pour arrêter le cours des deſordres que ces Mariages cauſoient
dans les familles, & quelquefois
dans tout l'Etat ; ils ont été obligez de les déclarer nuls, & d'ordonner qu'on ne reconnoîtroit la
femme, que pour une concubine,
& les enfans qui en naîtroient, que

pour des bâtars. Ces Loix ont été observées dans l'Occident, jusques au dixiéme siécle, & long-temps aprés les Grecs ont encore perſévéré dans cet uſage. L'Egliſe en connoiſſant l'utilité pour le repos de l'Etat, l'union des familles, l'éducation des enfans, & la ſanctification des mariez, elle les a confirmées dans pluſieurs Conciles, & s'eſt ſervie de toute l'autorité que Dieu lui a donnée ſur les peuples, contre ceux qui ne vouloient pas s'y ſoûmettre.

Les raiſons qui ont autrefois porté les Souverains à faire ces Loix, & l'Egliſe à les confirmer, ont déterminé nos Rois dans les derniers ſiécles, à les faire obſerver dans ce Royaume. Ils ont ordonné qu'on n'y reconnoîtroit point pour veritables Mariages, ceux que les enfans de famille leurs ſujets, feroient ſans le conſentement de leurs parens, dans un âge où les enfans n'ont pas ordinaire-

ment la raison aſſés formée pour ſe
conduire prudemment dans une
affaire autant importante qu'eſt le
Mariage. Ils n'ont pû ſouffrir plus
long-temps, que le crime de rapt
fût un moyen pour parvenir à des
Mariages avantageux, & qu'une
grande partie des plus honnêtes
familles, fût deshonorée par des
alliances honteuſes & infames,
que les enfans engagez dans la
débauche, faiſoient contre la volonté de leurs parens, & qui cauſoient ſans ceſſe dans les familles,
des inimitiez irreconciliables, &
ſouvent des troubles dans tout l'E-
tat.

Il y a des Theologiens qui abu-
ſent des Decrets du Concile de
Trente, pour affoiblir l'authorité
de ces ſages Ordonnances ; & qui
ſoûtiennent publiquement que
ce Concile prononce anathéme
contre ceux qui ne reconnoiſſent
pas ces Mariages pour legitimes.
Le Chap. 1. *De reform. matrim.* de

la Seff. 24. a donné occasion à cette erreur. *Tametsi dubitandum non est*, disent les Péres du Concile de Trente dans ce Decret, *clandestina matrimonia libero contrahentium consensu facta, rata & vera esse matrimonia, quamdiù Ecclesia ea irrita non fecit, & proinde jure damnandi sunt illi, ut eos sancta Synodus anathemate damnat, qui ea vera ac rata esse negant, quique falsò affirmant matrimonia à filiis familias sine consensu parentum facta, irrita esse, & parentes ea rata vel irrita facere posse; nihilominùs sancta Dei Ecclesia ex justissimis causis illa semper detestata est atque prohibuit, &c.* C'est la difficulté que j'entreprens d'examiner. J'apporterai mes raisons pour la justification de ce Concile, & je tâcherai de faire voir, qu'une si sainte & si sçavante Assemblée, n'a pû être dans les sentimens qu'on lui attribuë, qu'ils sont injurieux à l'Eglise, & contraires à l'authorité legitime des Souverains.

A iij

CHAPITRE II.

*On apporte plusieurs raisons tirées de
l'Histoire du Concile de Trente,
qui prouvent que les Péres de ce
Concile, n'ont point aprouvé les
Mariages des enfans de Famille
condamnez par les Ordonnances
de nos Rois.*

LE Roy Charles IX. ordonna
à ses Ambassadeurs au Concile de Trente, d'y proposer qu'on
renouvelât les anciens Canons sur
les Mariages des enfans de famille,
faits sans le consentement de leurs
parens.   Nous aprenons des deux
Historiens de ce Concile, que cette proposition plût à la plus grande
partie des Péres, mais qu'ils furent
partagez sur l'âge des enfans, pendant lequel, le consentement des
parens seroit necessaire pour la validité de leurs Mariages. Le Car-

dinal *a* Palavicin, dans le Chap.
4. du Livre 22. de son Histoire,
raporte le Decret qui en fut dressé, & remarque dans le même lieu,
que le Cardinal de Loraine proposa en plein Concile, d'y changer le mot, *absque parentum consensu*, qui signifie également le pére & la mére, & de mettre *absque
patrum consensu*, conformément
aux Loix de Théodose, Valentinien, Justinien, & de plusieurs
autres Empereurs Chrétiens, qui
ne demandent point le consentement de la mére, & qui ont été
aprouvées de l'Eglise.

Il est vrai que ce Decret n'a pas
été publié, pour des raisons que je
dirai dans la suite ; mais il n'en n'est
pas moins un témoignage certain du
sentiment des Péres de ce Concile.

a Eadem Synodus irrita facit ea matrimonia quæ
contrahentur à filiis familias ante an. 18. completum, & à filiabus ante 16. completum absque
genitorum consensu. Remanentibus tamen in
suo robore aliis legibus contra matrimonia clandestina promulgatis.

Ce n'étoit pas seulement en France que l'on souhaittoit le rétablis-sement de cette ancienne Discipline ; les Péres du Concile *b* de Cologne, tenu en 1536. étoient dans le même sentiment, *c Optandum ut Canon Evaristi Pontificis , Concilio Generali renovetur, tollanturque illa clandestina matrimonia , quæ invitis parentibus ac propinquis , Veneris potius quàm Dei causa contrahuntur , &c.* Je raporterai ailleurs , le Decret qu'on attribuë au Pape Evariste , dont ils demandent l'execution. Le Concile de Trente a commencé en 1545. neuf ans aprés ce Concile de Cologne ; il n'est pas vrai-semblable que dans si peu de temps, l'état de l'Eglise soit devenu si different de ce qu'il étoit, que le Concile de Trente ait prononcé anathême contre ceux qui auroient conservé l'esprit des Peres du Concile de Cologne.

b *Concil. Colon.* p. 7. *De administr. Sacram.* c. 43.
c *Tom.* 14. *Concil.* pag. 542.

2. Lors qu'on lut dans le Concile, les Canons de la Session 24. & les Decrets qui regardent la Discipline, contenus dans la même Session, il y en eut plusieurs qui ne furent pas aprouvez d'une partie des Péres. Le Cardinal Palavicin raporte, Livre 23. Chap. 9. que le Cardinal de Loraine, le Cardinal Madruce, & beaucoup d'autres, ne voulurent pas recevoir le 6. Canon. Que le Cardinal Moron rejetta le 12. & que plusieurs furent de son sentiment. Que le Cardinal Simonette, Legat du saint Siége, & un des Présidens du Concile, le Patriarche de Jerusalem, & plus de cinquante autres Péres, ne voulurent pas aprouver le Decret, qui declare nuls les Mariages clandestins. F. Paul écrit, Livre 8. de son Histoire, que les François improuverent le Decret, par lequel il est ordonné, que celui qui auroit enlevé une fille, la doteroit comme le Juge d'Eglise l'ordon-

neroit. Il est inutile de raporter
tous les Decrets tant de cette Session que des autres, qui n'ont point
été aprouvez d'une partie des Péres. Il ne paroît pas qu'aucun se
soit opposé au Decret, qui condamne ceux qui disent que le consentement des parens est necessaire pour la validité du Mariage de
leurs enfans. Il n'est point vrai-
semblable, que ni le Cardinal de
Loraine, ni les autres François,
qui se sont opposés à tant de Decrets moins importans, ni aucun
de tous les Péres qui avoient dressé
ou aprouvé le Decret, qui decla-
roit nuls les Mariages des enfans
de famille, faits sans le consentement de leurs parens, n'eussent
improuvé celui-ci, s'ils l'avoient
interpreté dans le sens, que quelques Théologiens veulent lui donner.

3. Pour prendre bien l'esprit des
Péres du Concile de Trente dans
ce Decret, il est necessaire de re-

marquer; que leur principal deʃʃein
étoit, de s'oppoʃer aux erreurs des
Calviniʃtes & des Luthériens. Il
eʃt difficile de prendre le véritable
ʃens d'une partie de leurs Canons,
ʃi on n'eʃt auparavant informé des
ʃentimens de ces Hérétiques, à
l'occaʃion deʃquels ils les ont faits.
Il y en a des preuves dans toutes
les Seʃʃions de ce Concile, *a* j'en
raporterai une tirée de la Seʃʃion
24. qui eʃt du Mariage. Pluʃieurs
ont crû que le 7. Canon de cette
Seʃʃion, finiʃʃoit entiérement l'ancienne conteʃtation, entre les Latins & les Grecs, ʃur la diʃʃolution
du Mariage, pour cauʃe d'adultere; & que les Péres de ce Concile,
propoʃoient le ʃentiment des La-

a Concil. Trid. Seʃʃ. 2. can. 7. Si quis dixerit
Eccleʃiam errare, cùm docuit & docet juxtà E-
vangelicam & Apoʃtolicam doctrinam, propter
adulterium alterius conjugum, matrimonii vin-
culum non poʃʃe diʃʃolvi, & utrumque vel etiam
innocentem qui cauʃam adulterio non dedit, non
poʃʃe altero conjuge vivente, aliud matrimonium
contrahere, mœchariqué eam quæ dimiʃʃo adul-
tero, alii nupʃerit anathema ʃit.

tins, comme un article de foi. Cependant il est certain, qu'ils n'ont pas voulu entrer dans cette difficulté, & que ce Canon a été fait seulement contre les Calvinistes, qui enseignent que l'usage de l'Eglise Latine sur ce sujet, est contraire à l'Ecriture sainte. Il avoit été composé en termes qui paroissoient comprendre les Grecs, mais il fut réformé sur les remontrances des Ambassadeurs de la République de Venise, qui réprésentérent que la Discipline des Grecs étoit observée dans des Isles qui relevoient de cette Seigneurie, & que l'Eglise de Rome recevoit dans sa Communion; que ce Canon de la maniere qu'il étoit conçû, leur seroit une occasion de rentrer dans le Schisme. Tout cela est raporté fort au long par le Cardinal Palavicin, dans son Histoire du Concile de Trente, Livre 22. Chap. 4. F. Paul raporte la même chose en peu de mots, Livre 8. de son Hi-

ſtoire. Cette conduite du Concile
eſt une conviction, qu'il n'a point
prononcé ſur ce qui fait le ſujet de
la conteſtation entre les Latins &
les Grecs, touchant l'indiſſolubilité du Mariage.

Les Calviniſtes & les Luthériens
enſeignent communément, que le
conſentement des parens eſt neceſſaire de droit naturel & de droit
divin, pour la validité des Mariages de leurs enfans ; qu'indépen-
damment des Loix de l'Egliſe & de
l'Etat, ils peuvent les rendre nuls
par la ſeule authorité paternelle,
s'ils ne veulent pas les approuver ;
que c'eſt un ordre établi de Dieu,
& que ceux qui n'y ſont pas conformes, ſont condamnez comme
des concubinages, par la Loy naturelle, & par la Loy divine.

Kemnitius aporte pluſieurs preuves de cette erreur dans la ſeconde
partie de l'examen du Concile de
Trente, Tit. *De clandeſt. matrim.*
pag. 438. Avant lui Luther &

a Calvin avoient établi la même doctrine. *b* Bucerus, *c* Brentius, *d* Rivet, & beaucoup d'autres les ont suivis. C'est aussi le sentiment de Vinnius, Protestant & celebre Jurisconsulte, il le prouve fort au long dans son Commentaire sur les Institutions de l'Empereur Justinien, expliquant ces paroles du Titre *De nuptiis*, *dum tamen si filii familias sint, consensum habeant parentum, quorum in potestate sunt*. Aprés avoir aporté les témoignages de l'ancien & du nouveau Testament, qu'il pretend favoriser son erreur, il renvoye le Lecteur à *e* Beze, *f* Pierre le Martyr, *g* Zan-

a *Calvin. l. 4. Institut. c. 19. §. ult.*

b *Bucerus in cap. 9. Matth.*

c *Brentius in Catechism. ad 4. præcept.*

d *Rivet explic. Decalog. tit. an liberis, invitis parentibus, matrimon. contrahere liceat. pag. 1357.*

e *Beze tract. de repud. & divort.*

f *Petrus Martyr, in resol. quarta quæst. Bucan. loc. de conjug. q. 18.*

g *Zanchius, de operib. Dei, lib. 4. c. 1. De sponsalibus. tit. de iis qui contrahunt insciis & invitis parentib. pag. 790.*

chius, & quelques autres anciens
Autheurs de sa Secte, qui ont traité la même matiere encore plus
amplement. Vendelinus Theolo-
gien Proteſtant, ſoûtient la même
doctrine, dans le 30. Chapitre du
premier Livre de ſa Theologie,
pag. 1416. & 1417. & pluſieurs autres Calviniſtes & Luthériens, dont
il eſt inutile de raporter ici les témoignages.

Voilà l'erreur que les Peres du
Concile de Trente ont condamnée, Seſſion 24. Chap. 1. C'eſt une
maxime conſtante, que les Conciles
expriment clairement ce qu'ils
veulent définir, & que ce que
l'on tire de leurs Decrets, ſeulement par des conſequences conte-
ſtées, n'eſt pas d'une tres-grande
authorité. Ils veulent que leur Dé-
finition ſoit une Régle, & qu'il ne
reſte plus de ſujet de conteſtation,
ſur la Queſtion, ſur laquelle ils
prononcent. Si leurs Decrets donnoient fondement de douter de ce

qu'ils ont voulu dire, ils fourniroient plûtôt matiere à de nouvelles difputes, qu'ils ne régleroient les anciennes. L'erreur des Calviniftes eft évidemment condamnée dans le Chap. 1. de la Seffion 24. mais le fentiment de ceux qui difent, que les Loix civiles peuvent rendre nul le Mariage des enfans de famille, contracté fans le confentement de leurs parens, n'y eft pas compris plus clairement, que le fentiment des Grecs fur l'indiffolubilité du Mariage, dans le 7. Canon de la même Seffion.

Lors que j'ay dit, que les Calviniftes & les Luthériens enfeignent communément, que le confentement des parens eft neceffaire de droit naturel & de droit divin, pour la validité des Mariages de leurs enfans, je n'ay pas prétendu qu'ils ayent été tous dans cette erreur, mais feulement que c'eft une doctrine commune parmi eux : Je fçay qu'il y en a eu plufieurs, principa-

cipalement entre les Calviniſtes de
France, qui ont enſeigné que les
enfans doivent ſe pourvoir pardevant le Magiſtrat, lors que leurs
parens s'oppoſent à leur Mariage.
Ils ne conviennent pas du pouvoir
du Magiſtrat en cette occaſion :
quelques-uns pretendent, que s'il
authoriſe le deſſein des enfans, ils
peuvent ſe marier, même contre
la volonté de leurs parens ; les
autres aprouvent ſeulement ce recours, afin que le Magiſtrat in-
terpoſant ſon authorité, il oblige
les parens de conſentir à ce Mariage.

4. Ce deſſein des Péres du Concile de Trente, ne paroît pas ſeulement par les Canons ; ceux qui
en ont écrit l'Hiſtoire, rendent le
même témoignage. F. Paul, aprés
avoir remarqué dans le 8. Livre de
ſon Hiſtoire, que le Concile ſur
les remontrances des Ambaſſa-
deurs de la Republique de Veniſe,
changea le Canon qu'il avoit fait

sur l'indissolubilité du Mariage ; il
ajoûte que ce changement fut
trouvé tres-sage , & que les Péres
en rendoient cette raison ; que le
Concile n'avoit pas été assemblé
pour examiner les opinions de chaque Nation , mais seulement pour
condamner l'erreur des Protestans.
Cette raison des Péres , est une
preuve qu'ils n'ont point condamné l'ancien usage sur les Mariages
des enfans de famille , faits sans le
consentement de leurs parens. Je
ferai voir évidemment , que les
Grecs l'ont toûjours conservé. Il
est constant que leur sentiment sur
la dissolution du Mariage , est un
point beaucoup plus important
que n'est celui-cy. Peut-on se persuader , que les Péres du Concile
de Trente , qui n'ont pas voulu
donner occasion de croire qu'ils
l'ont condamné , afin de les ména-
ger, en même tems leur ayent dit
anathéme , parce qu'ils ont retenu
la discipline qui étoit observée

avant le Schisme , dans l'Eglise
Grecque & Latine; & que les Latins ne leur ont pas même proposé
de changer , dans toutes les conferences qu'ils ont eu avec eux
pour les faire revenir à l'Eglise.

5. Le même Historien nous
aprend , qu'on délibéra long-tems
sur la maniere de coucher le Decret contre les Mariages clandestins , parce que toutes les formules qu'on proposoit, comprenoient
quelque sentiment qu'une partie
des Péres ne vouloit pas condamner. François de Beaucaire, Evêque de Mets , le composa dans la
forme où il est. F. Paul écrit, qu'il
fut aussi-tôt aprouvé de cent tren-
te-deux Péres. On ne peut pas
douter que ces Péres n'ayent fait
attention au Decret sur le Mariage des enfans de famille, qui y est
contenu. Il n'est point vrai-semblable qu'ils l'eussent aprouvé aussi-
tôt qu'il fut proposé , s'il étoit contraire à celui qu'on avoit dressé

auparavant, qui déclaroit nuls ceux qui seroient faits sans le consentement des parens, & que sans aucun autre examen, ils eussent voulu prononcer anathéme contre tous ceux qui seroient dans un sentiment, qui venoit de plaire à la plus grande partie des Péres du Concile, & qui est conforme à une discipline que l'Eglise a confirmée plusieurs fois, & fait observer pendant plus de huit cent ans. Il y a beaucoup plus d'apparence qu'ils n'ont voulu comprendre dans ce Decret, que les erreurs des Protestans.

6. Palavicin *a* & F. Paul, aprés avoir décrit le partage des Peres, sur le Decret contre les Mariages clandestins, remarquent qu'on en supprima ce qui ordonnoit l'invalidité des Mariages des enfans de famille, faits sans le consentement de leurs parens, mais aucun ne dît qu'on fit un Decret contraire. Il

____
a Palavicin, lib. 23. c. 5. n. 17.

paroît même par la Rélation de
F. Paul , qu'on resolut de n'en
parler point. Il dit que dans une
Congregation où vingt-neuf parlerent sur cette matiere, ce fut le
sentiment de vingt, & que les autres furent partagez ; quelques-
uns étant d'avis que le Decret demeurât couché en termes generaux, comme il avoit été proposé ; les autres voulant qu'on déter-
minat l'âge, des enfans, pendant
lequel le consentement de leurs
parens seroit necessaire pour la validité de leur Mariage. La discipline contraire observée depuis
plusieurs siécles, les Decretales
des Papes, qui défendent ces Mariages sans les déclarer nuls, &
l'opposition de quelques-uns des
Péres du Concile, en détermine-
rent plusieurs à être de l'avis des
premiers, étant persuadéz que c'é-
toit le parti qui pourroit causer
moins de division dans le Concile.
Ces raisons puroient vrai-sembla-

blement fait prendre la même ré-
solution sur le Decret contre les
Mariages clandestins , si le Pape ne
s'en étoit expliqué. Ce fut le sentiment d'une grande partie des Péres , & ils y auroient persisté , si la
réponse du Pape ne les avoit déter-
minez à consentir à la publication
de ce Decret.

7. Nous aprenons du Cardinal
a Palavicin , & de F. Paul, *b* que
le Cardinal de Loraine portant la
parole pour lui , & tous les Evêques de France , fit deux protesta-
tions pendant cette Session. Ces
Historiens remarquent , qu'elles
contenoient à peu prés les mêmes
choses. Nous en avons une dans
les Mémoires pour le Concile de
Trente *c*, Si on en prend bien l'esprit , on peut en tirer une forte
conjecture, pour prouver non seulement que les Péres du Concile

<hr>

a Palavic. l. 23. c. 12. n. 8.
b F. Paul. l. 8. pag. 912.
c Pag. 571.

de Trente n'ont pas condamné nos
ufages, fur les Mariages des enfans
de famille, faits fans le confentement de leurs parens, mais même
qu'ils en auroient fait une Loi generale, fuivant la Difcipline des
premiers fiécles, s'ils avoient trouvé les peuples difpofez à la recevoir. Ces faints Evêques fouhait-
toient avec emproffement, réformer tous les defordres qu'on avoit
tolerez depuis quelques fiécles,
mais le mal étoit trop grand pour
établir une réforme entiere, ils ont
été forcez d'en tolerer encore une
partie, jufques à ce que Dieu faffe
naître des conjonctures plus favo-
rables, pour accomplir un fi loüa-
ble deffein. C'eft ce qui a donné
occafion à la Proteftation des Evêques de France; Ils la firent principalement, afin qu'on ne croie
pas que ce Saint Concile a voulu
authorifer des abus qu'il a été obligé de fouffrir, parce qu'il n'a pû
les reformer. Cela eft clairement

expliqué dans cette Proteſtation.

Cùm nudius tertius meam de refor-
mationis articulis dicerem ſententiam,
præfatus ſum etiam me valde cupere,
ut priſca illa Eccleſiaſtica reſtitueretur
diſciplina. Sed cum his corruptiſſimis
temporibus & moribus intelligam non
poſſe ea quibus maxime opus eſt, pro-
tinus adhiberi remedia, interim aſſen-
tiri & probare ea, quæ nunc ſunt de-
creta; non quod ea judicem ſatis eſſe,
ad integram ægrotantis Reipublicæ
Chriſtianæ curationem, ſed quod ſpe-
rem his prius lenioribus fomentis ad-
hibitis, cum graviora medicamenta
pati potuerit Eccleſia, Pontifices ma-
ximos, & maxime ſanctiſſimum D. N.
Pium, pro ſua inſigni pietate & pru-
dentia diligenter curaturum, ut ea
quæ deſunt implens, & efficaciora in-
veniens remedia, in uſum, veteribus
jamdiu abolitis, revocatis Canonibus,
& maximè quatuor illorum veterum
Conciliorum, quæ quantum fieri pote-
rit, obſervanda eſſe cenſeo; vel ſi ex-
pedire videbitur, frequentiori Oecu-
meni-

menicorum Conciliorum celebratione morbum ab Ecclesia propulsans, eam suæ pristinæ restituat sanitati. Hanc autem meam mentem & sententiam, tum meo, tum omnium Galliæ Episcoporum nomine, in acta referri volo & ut id fiat à Notariis, peto & postulo.

Afin de comprendre l'éclaircissement que cette Protestation peut nous donner, il faut remarquer,

1. Qu'elle fut faite l'onziéme jour de Novembre 1563. & que ce même jour, on détermina dans le Concile, de quelle maniere on coucheroit le Decret sur les Mariages des enfans de famille, dont il s'agit.

2. Le Cardinal de Loraine, & les Evêques de France, firent de grandes instances dans le Concile de Trente, afin que les Mariages que les enfans de famille feroient sans le consentement de leurs parens, fussent declarez nuls. Le Cardinal Palavicin & F. Paul, écri-

vent que le Cardinal de Loraine
aporta plusieurs raisons tirées de
l'Ecriture sainte, des Conciles, des
Peres, & des Loix des premiers
Empereurs Chrétiens, pour faire
voir l'utilité & l'antiquité de cette
Discipline. Je viens de remarquer,
que les Peres du Concile, persuadez de cette verité, resolurent de
faire un Decret pour la rétablir,
& que les obstacles qu'ils trouve-
rent, en empêcherent la publication.

3. Le Cardinal de Loraine dans
cette Protestation, gemit sur l'é-
tat de l'Eglise, qui ne permet point
qu'on execute ses pieux projets.
Ce zelé Restaurateur de la Discipline Ecclesiastique, dit haute-
ment, qu'il est persuadé que les
Decrets qu'on a faits, ne suffisent
pas, qu'il les aprouve cependant,
dans l'esperance que ce remede
poura disposer les peuples à recevoir la Discipline des premiers siécles. Il n'y a rien dans tous les

points qu'on propofa, & fur lef-
quels on délibera dans le Concile,
avant que de regler les Decrets de
la 24. Seffion, qui puiffe l'avoir
plus déterminé à parler de la forte, que les Mariages des enfans
de famille, faits fans le confentement de leurs parens ; c'eft la matiere fur laquelle il fit de plus
grandes inftances. Il en fit auffi
de tres-grandes pour la condamnation des Mariages clandeftins ;
mais ils ne peuvent pas avoir donné occafion à cette Proteftation,
puis qu'après plufieurs difficultez,
le Concile les condamna. Il eft
donc fort vrai-femblable, que ces
paroles du Cardinal de Loraine,
Sed cum his corruptiffimis temporibus
& moribus intelligam, non poffe ea qui-
bus maxime opus eft, protinus adhiberi
remedia, &c. regardent principalement les Mariages des enfans de
famille, faits fans le confentement
de leurs parens, dont il croyoit la
condamnation tres-neceffaire pour

le bien de l'Etat, l'édification des
Fideles, l'union des familles, & la
sanctification des mariez.

Ce que j'ay dit sur le témoignage de F. Paul, ne doit pas être su-
spect. Palavicin raporte presque
toutes les mêmes choses. S'il y a
quelques circonstances qu'il n'a
point remarquées, il n'a pas crû
que F. Paul s'y soit trompé, il ne
le reprend sur aucune, quoy que
sa grande exactitude à le refuter,
ressente plus le critique que l'Historien.

CHAPITRE III.

*On prouve par les termes du Decret,
qu'il n'est point contraire aux Ordonnances de nos Rois, & qu'il n'a
été fait que contre les Protestans.*

TOus les mots du Decret du
Concile de Trente, sur les
Mariages des enfans de famille,

font presque autant de preuves qu'il n'a été fait que contre les erreurs des Proteftans. Pour en comprendre toute la force, il eft néceffaire de fe fouvenir de ce que j'ay dit, & que je prouverai dans la fuite, que les Loix de Théodofe, Valentinien, Juftinien, & de plufieurs autres Empereurs Chrétiens, déclarent nuls les Mariages des enfans de famille, faits fans le confentement de leurs parens, que l'Eglife les a confirmées dans plufieurs Conciles, que les Grecs ont retenu cette Difcipline, & qu'elle a été obfervée dans l'Eglife Latine jufques au dixiéme fiécle.

1. Je commence l'examen de ce Decret, par l'anathéme que les Péres prononcent contre ceux qui font dans le fentiment qu'ils condamnent. L'erreur des Proteftans mérite cette peine; mais il n'y a point d'apparence qu'un Concile général y ait compris ceux qui di-

sent, que les Mariages des enfans
de famille, faits sans le consentement de leurs parens, sont nuls,
lors que les desordres qu'ils causent dans l'Etat, obligent les Souverains de les condamner. Peut-
on se persuader que l'Eglise qui est
toûjours la même, & toûjours in-
faillible dans ses jugemens, qui regardent la foi & les mœurs, ait
crû dans le seiziéme siécle, qu'un
sentiment qu'elle a tant de fois authorisé dans les siécles précedens,
soit si contraire à la Doctrine Catholique, & qu'elle dise anathéme aux Souverains, qui se servent
aujourd'huy pour procurer le repos
de leurs Etats, l'union des familles, & la sanctification des mariez,
des moyens qu'elle leur proposoit
autrefois, & qu'elle ordonnoit
elle-meme à tous les Fidéles.

2. Ces termes du Decret, *San-*
cta Dei Ecclesia ex justissimis causis
illa semper detestata est atque prohi-
buit, ne laissent aucun lieu de

douter, que l'esprit de ce Concile, ne soit celui qui animoit l'Eglise,
lors qu'elle rejettoit absolument
ces Mariages ; & que ces saints
Evêques ne les ont tolérez , que
parce que dans les fâcheuses conjonctures où ils étoient , ils ne pouvoient faire mieux. Quoy que les
Supérieurs souhaitent avec em-
pressement , réformer des abus
qu'ils ont tolérez avec beaucoup
de peine , ils font quelquefois obligez de différer à un autre tems. Ils
craignent avec raison , que dans
les circonstances où ils se trouvent,
le reméde qu'ils voudroient y aporter , ne causât de plus grands desordres. Peut-on penser que l'Eglise dise anathéme aux Souverains ,
qui corrigent les abus qu'elle vouloit réformer , & qui défendent
qu'on reconnoisse dans leurs Etats,
pour veritables Mariages , ceux
qu'elle détestera dans tous les siécles , & qu'elle a toûjours rejetté
pendant qu'elle a trouvé les peu-

C iiij

ples diſpoſez à recevoir cette ſainte Diſcipline.

Il y en a qui ſoutiennent que ces paroles (*Sancta Dei Eccleſia ex juſtiſſimis cauſis illa ſemper deteſtata eſt atque prohibuit*) ne regardent pas les Mariages que les enfans de famille font ſans le conſentement de leurs parens, & qu'on les a miſes dans ce Decret, ſeulement contre les Mariages clandeſtins.

Les Theologiens & les Canoniſtes, dont on a mis les Notes au pied des Decrets du Concile de Trente, n'étoient pas de ce ſentiment. Pour juſtifier ce témoignage du Concile, ils renvoyent au Chap. *Non omnis*, tiré d'une Lettre de ſaint Leon, & au Chap. *Honorantur* , pris d'un Livre de ſaint Ambroiſe, raportez par Gratian, *Cauſ.* 32. *q.* 2. Ils ajoûtent le Chap. *Aliter*, pris d'une Lettre attribuée au Pape Evariſte, & le Chap. *Noſtrates*, tiré des Réponſes du Pape Nicolas I. aux Bulgares, raportez

par le même Autheur, *Cauf.* 30.
q. 5. & quelques autres témoignages des Péres & des Conciles. Toutes ces authoritez établiſſent clairement, que de ce tems-là, l'Egliſe ne reconnoiſſoit point pour legitimes, les Mariages des enfans
de famille, faits ſans le conſentement de leurs parens. C'eſt auſſi
la concluſion que Gratian en tire,
Cùm ergo dicitur, paterno arbitrio jun-
Ctæ viris, datur intelligi quòd pater-
nus conſenſus deſideratur in nuptiis,
nec ſine eo legitimæ nuptiæ habeantur,
juxta illud Evariſti Papæ: Aliter non
fit legitimum conjugium, niſi à pa-
rentibus tradatur. Il n'y a rien contre les Mariages clandeſtins dans
le paſſage de ſaint Ambroiſe, &
quelques-uns des autres, citez par
ces Theologiens ; ils condamnent
ſeulement ceux que les enfans de
famille font, ſans le conſentement
de leurs parens ; ce qui prouve que
les Autheurs de ces Notes ont cru

Cauf. 32. *q.* 2. *c.* 11.

que ces paroles du Decret du Concile de Trente, *Sancta Dei Ecclesia,*
&c. regardent principalement les
Mariages que les enfans de famille
veulent faire sans le consentement
de leurs parens.

Il est constant que le libertinage
& les débauches même les plus
grandes, sont les raisons ordinaires qui portent les enfans de famille à contracter les Mariages condamnez par les Ordonnances de
nos Rois. On ne peut nier que ces
Mariages troublent toûjours l'u-
nion des familles, & tres-souvent
le repos de l'Etat, Les Peres du
saint Concile de Trente n'ont pas
ignoré tous ces desordres, d'où il
suit, qu'ils étoient persuadez que
l'Eglise a toûjours défendu ces
unions criminelles, & qu'elle les
detestera dans tous les siécles. Cela suffit afin que la raison que je
viens d'aporter, demeure dans
toute sa force, quoi que ces paroles, *Sancta Dei Ecclesia, &c.* n'eussent

été mises dans ce Decret qu'à l'occasion des Mariages clandestins.

3. La proposition condamnée par ces paroles (*quique falsò affirmant matrimonia à filiis familias sine consensu parentum contracta , irrita esse*) peut souffrir deux interprétations tres-differentes ; une contient l'erreur des Protestans sur cette matiére ; l'autre est la doctrine des Catholiques. Les uns & les autres disent, que les Mariages des enfans de famille faits sans le consentement de leurs parens, sont nuls ; mais les Protestans soûtiennent qu'ils sont nuls de leur nature , indépendemment des Loix Ecclesiastiques & civiles , & que la Loi naturelle & la Loi divine les condamnent comme des concubinages. Les Catholiques enseignent qu'il y a des circonstances où ces Mariages sont si contraires au repos des Etats, à l'union des familles, & à la sanctification des mariés , que l'Eglise &

les Souverains sont obligés de les déclarer nuls, & que ceux qui sont faits contre ces Loix, doivent être considerés comme des unions criminelles ; mais il prétendent, qu'il n'est point défendu par la loi divine, de les reconnoître pour véritables Mariages, pendant que l'Eglise & l'Etat ne les ont point condamnés ; & que c'est un erreur de dire, qu'indépendemment des loix Ecclesiastiques & Civiles, tous les Chrétiens sont obligés de les rejetter comme condamnés par la loi naturelle. Les Peres du Concile de Trente ne condamnent pas cette proposition : *matrimonia à filiis familias sine consensu parentum contracta, irrita sunt*, dans tous les sens qu'on peut luy donner : nos adversaires sont obligés d'en convenir. C'est l'opinion commune des Théologiens que les Superieurs Ecclesiastiques peuvent faire des Loix qui déclarent nuls les Mariages des enfans de famille

faits sans le consentement de leurs
parens. Suivant cette doctrine, le
Concile de Trente ne comprend
point dans son Decret, ceux qui
soûtiennent que les Mariages des
enfans de famille, faits sans le consentement de leurs parens, sont
nuls, lorsque l'Eglise ordonne que
ce consentement soit une condition necessaire pour leur validité.
Les termes du Decret n'excluent
pas plus l'authorité temporelle, que
l'Ecclesiastique, ils n'expriment
ni l'une ni l'autre, & on ne peut
s'en servir contre l'authorité temporelle, qu'en supposant que les Peres de ce Concile enseignent, qu'il
est contre le droit naturel ou le
droit divin, que le consentement
des parens soit une condition necessaire pour la validité du Mariage de leurs enfans, ce qui est une erreur qu'on ne doit pas imputer à un
Concile Général, & qui condam-
neroit également l'authorité Ecclesiastique & la temporelle. C'est

donc sans raison, qu'on veut inferer
de ces paroles (*quiquè falsò affirmant
&c.*) que les Ordonnancés de
nos Rois sur les Mariages des enfans de famille, sont contraires aux
Réglemens du Concile de Trente , on peut dire avec beaucoup
plus de fondement, que ces saints
Evêques n'ont pas eu d'autre dessein en authorisant ce Decret ,
que de condamner les erreurs des
Protestans.

4. Ces paroles qui suivent (*Et
parentes ea rata vel irrita facere posse*)
sont une forte preuve de la verité
de cette interprétation. Ce n'est
point la question, si les parens peuvent de leur authorité rendre nuls,
les Mariages de leurs enfans , je
conviens que cela n'est point du
resort de la puissance paternelle ,
& qu'on a grande raison de condamner les Protestans , qui enseignent que c'est une disposition
de la loi naturelle & de la loi divine ; on propose seulement si la-

Souveraine Puissance temporelle,
a le pouvoir de commander aux
enfans, de ne point se marier sans
le consentement de leurs parens,
& de leur ordonner comme une
condition necessaire pour la validité de leurs Mariages, parce que
les enfans méprisans cette sage
Loi des Souverains, leur désobeïs-
sance cause de tres-grands troubles dans les familles, & souvent
dans tout l'Etat.

5. Ce Decret ne determine
point l'âge des enfans de famille,
où il authorise leurs Mariages faits
sans le consentement de leurs parens; de sorte que si on l'explique
dans le sens que nos adversaires
veulent lui donner, pour l'oppo-
ser aux Loix Civiles de ce Royaume, il faut croire que les Peres
du Concile de Trente ont défini,
que les enfans de famille peuvent
à toute âge se marier sans le consentement de leurs parens, & contre les Loix de leurs Souverains.

Peut-on se persuader, qu'un Concile Général ait été dans ce sentiment. Les engagemens du Mariage ne demandent pas une raison moins formée, que pour faire des vœux prudemment ; ce Concile a tres-sagement ordonné que les vœux faits avant l'âge de seize ans, ne sont point un engagement légitime. *a* Il auroit mesme determiné un âge plus avancé, si les grandes instances des Généraux d'Ordres ne l'avoient pas empéché de porter cette réforme plus loin. Dans le projet *b* du Decret qui en avoit été dressé, il ordonnoit que le Noviciat seroit de deux ans au moins, & condamnoit les Professions Religieuses, que les enfans feroient n'ayant pas dix-huit ans accomplis. Il n'est donc pas vrai-semblable qu'il ait authorisé les Mariages des enfans de famille faits

a *F. Paul. lib. 8. Hist. Concilii Tridentini.*
b *Palavicin. lib. 24. c. 6.*

dans

dans une âge moins avancé, contre la volonté de leurs parens; ni qu'il ait voulu prononcer sur l'authorité que Dieu a donnée aux Souverains, de faire des Loix sur cette matiere, & de déterminer à quel âge leurs sujets communement ont assés de raison, pour qu'on puisse présumer qu'ils se sont mariés prudemment, quoi que leurs parens n'y aient pas consenti.

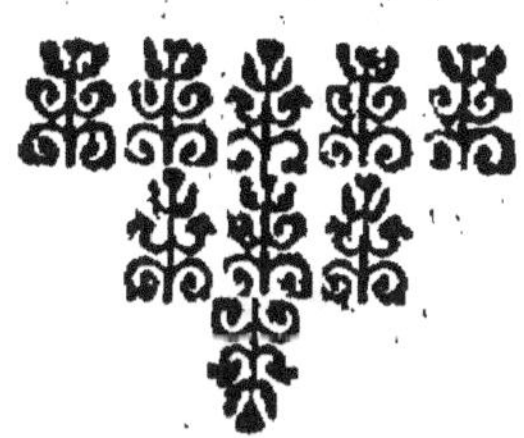

CHAPITRE IV.

On prouve par les absurdités qui suivent de l'explication que nos adversaires donnent au Decret du Concile de Trente sur les mariages des enfans de famille faits sans le consentement de leurs parens, qu'elle est contraire à la doctrine de ces saints Evêques.

1. ON ne peut attribuer au Concile de Trente le sentiment de nos adversaires, sans donner une idée bien basse de la conduite & des vûes d'une si sainte & si savante assemblée. Ce n'est point seulement à cause du peu de netteté qu'il y auroit dans ses expressions, & que ses Decrets ne seroient pas intelligibles; mais parce qu'il ne paroît rien dans cette conduite, qui puisse édifier les Fidéles, au contraire tout y sem-

ble oppofé à la pureté des mœurs.
Les Mariages des enfans de famille condamnés par les Lois Civiles , n'ont rien de l'efprit de
Dieu. Le libertinage en fait l'origine. On les continüe par des intrigues criminelles , & les plus
grandes débauches font les moyens
ordinaires dont on fe fert , pour
entretenir ces negotiations hon-
teufes. Le Mariage étant fait, le
trouble des familles, & quelques
fois de tout un Etat , les divifions
continuelles entre le mari & la
femme , & une tres-mauvaife éducation des enfans , en font les fuites ordinaires. Voilà l'honneur
qu'ils font à l'Eglife , de la rendre protectrice de tous ces déf-
ordres , & lui mettre entre mains
les foudres de l'Excommunica-
tion, pour les lancer contre les
Souverains , dont la piété & le
zéle les portent à fe fervir utilement de l'authorité que Dieu leur
a donnée , pour entretenir une

union Chrétienne, entre les familles qui composent leurs états, & empécher qu'un si grand Sacrement, qui est le signe mystique de l'union de JESUS-CHRIST avec son Eglise, ne soit indignement prophané.

2. Que diroit-on d'un homme, qui enseigneroit que le dessein des Peres du Concile de Trente, lorsqu'ils ont fait leur Decret contre les Mariages clandestins, n'a pas été d'aporter quelques remedes aux désordres que ces Mariages causoient dans l'Eglise & dans l'Etat, ni de chercher les moyens de procurer la sanctification de ceux qui se marient, mais qu'ils ont voulu rendre public, un libertinage caché, scandalizer tout le peuple, & priver les Superieurs de l'authorité necessaire pour empécher les suites fâcheuses, qui accompagnent ordinairement la désobéissance des enfans, dans cette action, qui est la principale de la

vie civile. Ne croiroit-on pas que c'eſt le langage des Proteſtans les plus animés contre ce ſaint Concile : on ne peut entendre ſans étonnement, que ce ſont des ſuites néceſſaires, de la doctrine de pluſieurs Théologiens , qui font profeſſion de la Religion Catholique , Apoſtolique & Romaine , qui en ſont même de zélés défenſeurs contre les Heretiques. Cependant ceux qui prétendent que ce Decret du Concile de Trente, eſt contraire aux Ordonnances de nos Rois , tombent dans ces erreurs , je le fais voir évidemment.

Avant que les Peres du Concile de Trente euſſent fait leur Decret contre les Mariages clandeſtins , les enfans de famille que la débauche avoit ſoûlevés contre la volonté de leurs parens , & que leurs crimes engageoient dans des alliances honteuſes & infames , tenoient ordinairement leur crime ſecret; la honte d'être découverts,

& quelque reſte de crainte que leur déſobeïſſance ne fût punie, leur faiſoient aporter toutes les précautions poſſibles , afin que leurs Mariages fuſſent cachés : le Concile a ordonné , qu'on publieroit des Bans , qu'il y auroit des témoins, que le Paſteur y ſeroit preſent, mais ces Théologiens ſoûtiennent, que le Concile par le même Decret, a ordonné qu'aucun de leurs Supérieurs ne pouroit s'oppoſer à leur libertinage : le Paſteur en ſera témoin , même malgré lui, mais on ne lui laiſſe aucun pouvoir de l'empécher. On publiera pluſieurs fois qu'on doit faire ce Mariage, les parens en ſeront avertis, les Souverains pouront en être informés ; mais tout cela ne ſert qu'à rendre les libertins plus abſolus. L'oppoſition des parens n'eſt d'aucune conſequence. Les défenſes des Souverains ſont inutiles , & s'ils veulent ne reconnoître point ces Mariages pour legitimes, faits au mépris de l'authorité de tous les Superieurs, qui causent des désordres dans l'Etat, qui troublent la paix des familles , & qui tendent à la damnation des mariés , le Concile leur dit anathême. Voilà où nos adversaires s'engagent, & la belle morale qu'ils attribuent à un des plus saints , & des plus sçavans Conciles qu'il y ait eu dans l'Eglise.

3. Dieu a institué deux Puissances pour le gouvernement des hommes, la Spirituelle & la Temporelle; il veut que ceux ausquels il les a confiées, se donnent reciproquement tous les secours necessaires pour entretenir les peuples dans leur devoir. Il ne commande pas seulement aux Pasteurs, d'instruire ceux qu'ils conduisent, de l'obéissance qu'ils doivent à leurs Souverains, il veut aussi, qu'ils se servent du pouvoir qu'il leur a donné, pour les y obliger, & mê-

me qu'ils ordonnent, s'il est neces-
faire, les plus grandes peines Ecclesiastiques, contre les rebelles.
L'Eglise persuadée de ces verités,
dans tous les siécles a conformé
sa discipline à l'administration civile, & par son consentement
exprés ou tacite, elle a toûjours
authorisé les Loix que les Souverains ont faites sur des matieres qui
sont de leur ressort, lors qu'elles
ne commandent rien, qui soit contraire à la Loi naturelle, ni à la Loi
divine.

Cette conduite de l'Eglise, doit
nous persuader que les Peres du
saint Concile de Trente, ne prononcent point anathême contre
les Souverains, qui condamnent
dans leurs Etats, les Mariages que
les enfans de famille font sans le
consentement de leurs parens,
pendant qu'ils sont dans un âge
où ils n'ont pas ordinairement la
raison assés formée, pour se conduire prudemment dans des affaires
im-

importantes. Il est constant que le
Mariage en est une, & que le choix
du genre de vie qu'un homme
veut prendre pour le reste de ses
jours, suppose l'esprit formé. Les
Loix qu'on observe dans ce Roiaume , qui condamnent ces Mariages, regardent l'administration civile. La differente conduite qu'on
aporte dans les Mariages , trouble, ou conserve la paix des familles ; & le repos de l'Etat depend
beaucoup de l'union qu'il y a dans
celles qui le composent. Il faut
convenir que ces Loix ne sont
point contraires à la loi naturelle,
ni à la loi divine. Je ferai voir
evidemment dans ce traitté, qu'on
ne peut penser autrement, sans condamner les Loix Ecclesiastiques
& Civiles, qui ont authorisé cette
discipline , & qui ont été observées dans l'Eglise Grecque & Latine, pendant plus de huit cent ans.
Les Superieurs Ecclesiastiques sont
donc obligés, de croire , que ces

Loix sont justes , & que l'observation en est nécessaire pour l'union des familles,& le repos de l'Etat. D'où il suit, qu'ils ne peuvent authoriser les Mariages qui y sont contraires , sans vouloir troubler un Etat , & mettre de la division dans les familles,

Si ces Loix sont justes,& necessaires pour le repos de l'Etat, & l'union des familles, suivant l'ordre de Dieu il est du devoir des sujets de s'y soûmettre , & leur desobéissance est toûjours un peché; elle est même un grand crime , parce qu'étant obligés de mettre la presomption en faveur de leurs Superieurs, ils doivent croire que les Loix ne declarent point un Mariage nul , pour des choses legeres. Meprifer les Loix des Superieurs,dans les choses qu'on croit être fort importantes , c'est une disposition de cœur tres-criminelle.

L'Eglise est donc persuadée que

les enfans de famille qui veulent
faire ces Mariages , font tres-cri-
minels , & par confequent qu'ils
n'ont point les difpofitions que
Dieu demande de ceux qu'il veut
fanctifier par ce Sacrement : on ne
peut leur adminiftrer fans l'expo-
fer à une profanation manifefte,
& dans l'état où ils font, tant s'en
faut qu'il contribuë à leur falut ,
ils commettent un facrilege qui
merite la damnation éternelle.
Dieu défend aux Superieurs Ecclefiaftiques d'adminiftrer les Sacremens, à ceux qui ne font pas
difpofés à les recevoir , principalement lors que le crime qui les
en rend indignes, eft public. Pourquoi veut-on en excepter le Mariage ? Le crime des enfans de famille qui veulent fe marier fans le
confentement de leurs parens, &
contre les Loix de leurs Souverains, eft public. La difpofition
criminelle avec laquelle ils ofent
fe prefenter pour recevoir le Sa-

E ij

crement de Mariage, est connuë
non seulement des Superieurs Ecclesiastiques, mais aussi de tout le
peuple; Dieu ne permet donc pas
de leur administrer ce Sacrement;
& nous devons être persuadés que
l'Eglise le défend à tous ses Ministres. C'est une suite de cette
grande maxime, qui a toûjours été
la doctrine des Catholiques, que
l'Eglise ne peut se servir de l'authorité que Dieu lui a donnée,
que pour la sanctification des Fidéles.

Voilà quelle est la disposition de
ces enfans, & quelles sont les regles de l'Eglise. N'est-ce pas faire
une tres-grande injure aux Péres
du saint Concile de Trente, de les
accuser de les avoir renversées, &
que ni l'équité des Loix qui sont
violées, ni les Sacremens indignement prophanés, n'ont pas été des
raisons assés fortes, pour les empécher de faire des Decrets contraires. C'est une suite de la doctrine

des Théologiens, qui prétendent
que ces saints Evêques ont authorisé les Mariages des enfans de famille, condamnés par les Ordonnances de nos Rois, & qu'ils ont
dit anathême à ceux qui ne veulent pas les reconnoître pour legitimes. Ne peut-on pas dire avec
beaucoup plus de fondement, que
l'Eglise par son consentement exprés ou tacite, aprouve ces Loix
des Souverains, dans les païs où
l'on trouve les peuples disposés à
recevoir cette sage discipline, tant
recommandée pendant les dix premiers siécles, & qui est si nécessaire pour le repos de l'Etat, & la
sanctification des Fidéles. Ce consentement de l'Eglise intervenant,
il ne faut plus les considerer comme des Loix purement civiles, qui
déclarent les Mariages nuls, seulement quant à ce qui regarde le
contract civil, elles deviennent
autant d'empêchemens dirimans
pour le Sacrement, & l'union d'un

homme & d'une femme, qui y est
contraire, ne peut être un contract legitime ni dans l'Eglise ni
dans l'Etat. Je ferai voir dans un
autre lieu, que cette union étant
nulle suivant les Loix civiles, elle
est aussi condamnée par la Loi naturelle. De sorte que pour soûtenir qu'elle est un Sacrement, il
faut supposer que suivant la doctrine de l'Eglise, Dieu a établi
pour matiere legitime du Sacrement de Mariage, une union criminelle, condamnée par toutes les
Loix naturelles & positives.

4. Les peuples qui se conver-
tissent à la Foi Catholique, reconnoissent une puissance spirituelle
qu'ils ne reconnoissoient pas avant
qu'ils fussent Chrétiens, mais ils
ne sont dispensés d'aucune des
Loix de leurs Souverains; promet-
tant d'obeir aux Loix de la Puissance Spirituelle, leur devoir est
augmenté, sans être déchargés de
leurs autres obligations. L'Ecri-

ture sainte, & les Péres n'ont jamais enseigné que Dieu veüille
priver un Prince qui devient Chrétien, d'une partie de l'authorité
qu'il luy avoit donnée lors qu'il
étoit Païen, au contraire, les Catholiques font une profession particuliere d'obeïr à leurs Souverains. La Loi de Jesus-Christ
établit le respect & la soûmission
qu'ils leur doivent, & l'on peut
dire avec beaucoup de raison, que
les Princes sont plus assurés de
l'obéïssance de leurs sujets qui sont
membres de l'Eglise, que s'ils
étoient Païens ou Héretiques. On
ne peut soûtenir que l'Eglise authorise les Mariages des enfans de
famille, declarés nuls par les Loix
de nos Souverains, sans renverser
toutes ces grandes maximes. On
convient de la nullité de ces Mariages, si ceux qui les contractent,
étoient Païens ou Héretiques.
Pendant qu'il y a eu des Calvini-
histes en France, ils ne pouvoient

se marier contre les Ordonnances, sans en avoir obtenu la permission du Roi, ils le peuvent presentement qu'ils sont Catholiques, s'il est vrai que l'Eglise authorise les Mariages, quoi qu'ils aient été faits contre les Ordonnances. Le Roi peut encore les priver des effets civils, mais il n'a plus sur eux l'authorité qu'il avoit, d'empêcher tous les desordres que ces unions criminelles causent dans l'Etat, nonobstant ses défenses, elles subsisteront par l'authorité de l'Eglise. D'où il suit que la Puissance legitime des Souverains, diminue à proportion qu'ils ont plus de sujets Catholiques, & que la crainte d'offenser Dieu, qui est le plus puissant motif pour conserver le respect, & la fidelité dans les peuples, ne seroit plus une raison qui puisse retenir dans l'obéissance, ceux qui font profession du Christianisme. Cette consequence est terrible, & fort opposée à l'esprit de Jesus-Christ, mais suivant cette doctrine, il faut en convenir, ou soûtenir que l'Eglise a reçû de Dieu le pouvoir d'authoriser les crimes , ce qui n'est pas moins condamnable. Prétendre avoir l'authorité de benir une union criminelle , & le faire en effet , n'est-ce pas authoriser les crimes ?

Si on fait reflexion sur l'enchaînement de ces maximes dangereuses , & sur la liaison qu'elles ont avec la doctrine de ceux qui pretendent, que l'Eglise authorise les Mariages des enfans de famille condamnés par les Ordonnances de nos Rois , on sera persuadé que ces sentimens sont tres-injurieux à l'Eglise , & qu'ils peuvent aporter de grands obstacles à la propagation de la Foi Catholique. Si les Princes Païens ou Heretiques, sont informés que s'ils sont profession de la Religion Catholique Apostolique & Ro-

maine, Dieu les privera d'une partie de l'authorité qu'il leur a donnée, & qu'ils deviendront moins
puiſſans, à proportion qu'il y aura
plus de Catholiques dans leurs
Etats ; c'eſt une puiſſante raiſon
pour les retenir eux & leurs ſujets
dans le paganiſme, ou dans l'here-
ſie. Cette doctrine pourroit auſſi
diminuer le zele des Princes Catholiques, qui ſe ſervent de toute
leur authorité pour la converſion
des Heretiques dont ils ſont les
Souverains. S'ils apprennent que
leurs ſujets leur ſont beaucoup plus
ſoûmis étant Heretiques, qu'ils ne
le ſeront aprés leur converſion, &
que la Souveraine Puiſſance temporelle qu'ils tiennent de Dieu,
n'eſt pas ſi grande ſur les Catholiques, qu'elle l'eſt ſur les Heretiques , ne doit-on pas craindre
qu'ils ceſſent de ſouhaitter avec
tant d'empreſſement, que tous leurs
peuples faſſent profeſſion de la Religion Catholique, Apoſtolique &

Romaine. Ce font autant de fuites des fentimens de nos adver-
faires, qui meritent qu'ils y pen-
fent. J'efpere qu'aprés qu'ils y auront penfé ferieufement, ils conviendront qu'ils n'ont pas bien
pris l'efprit & le deffein des Peres
du faint Concile de Trente, dans
leur Decret fur les Mariages des
enfans de famille faits fans le confentement de leur parens.

Ils feront perfuadés que les Loix
des Souverains qui condamnent
ces Mariages ne font pas des Ordonnances purement civiles, &
que par l'approbation expreffe ou
tacite de l'Eglife, elles font deve-
nuës des empêchemens dirimans
pour le Sacrement.

CHAPITRE V.

On prouve que le Concile de Trente n'est point contraire aux Ordonnances de nos Rois sur les Mariages des enfans de famille faits sans le consentement de leurs parens, parce qu'il n'a pas condamné l'Eglise Grecque, qui a conservé son ancienne discipline.

L'Eglise Greeque a toûjours rejetté comme un concubinage, les Mariages des enfans de famille faits sans le consentement de leurs parens. Les Decrets des Conciles, le temoignage des Peres, & les Loix des Empereurs, que je raporterai dans les chapitres suivans, sont autant de preuves convainquantes, qu'on y a fait observer cette discipline avec beaucoup d'exactitude, pendant qu'elle a été unie à l'Eglise d'Occident.

Elle étoit dans les mêmes usages
du temps de Photius, Autheur du
malheureux Schisme, qui la re-
tient encore aujourd'hui separée
de l'Eglise Catholique ; il le dit
dans son Nomocanon tit. 13. c. 9.
On peut le confirmer par la derniere des cinq lettres qu'on a fait
imprimer avec celle de cet Autheur, & qu'on croit être de lui,
ou de quelque autre du même siecle. C'est la reponse à une consul-
tation sur un cas qui fait entierement à nôtre sujet.

Quelques enfans de famille s'é-
tant mariez sans le consentement
de leur pere, intervint separation
sur la sollicitation de leurs parens,
qui les engagerent quelque tems
aprés, à d'autres Mariages. On
consulte l'Autheur de cette Lettre, sur la validité du premier Mariage, & sur la peine que meritoit le Prêtre qui l'avoit fait. Il repond, que si les parens aiant negligé depuis long-temps, de pro-

curer des mariages à leurs enfans,
les avoient reduits dans quelque
sorte de neceſſité de ſe marier ſans
leur conſentement, les Loix ne
declarent point ces Mariages nuls,
& le Prêtre qui y aſſiſte, & qui
les benît, n'eſt point coupable. Il
faut, dit-il, en cela ſuivre le Ré-
glement des Juges, qui ſont commis pour proteger les enfans contre l'injuſtice, & la dureté de leurs
parens, qui condamnent ou ap-
prouvent la conduite des peres,
ou celle des enfans, aprés avoir
examiné leurs raiſons. Mais ſi les
enfans à l'occaſion deſquels on le
conſulte, ne ſont point dans ce
cas, il dit, que leur premier Mariage eſt nul. Pour ce qui eſt de la
peine que merite le Prêtre qui l'a
fait, il ordonne qu'il ne ſera pas
depoſé, s'il ignoroit que les parens ne vouluſſent point conſentir à ce Mariage; qu'il eſt cependant coupable, parce qu'il étoit
obligé de s'en informer. Afin que

ce Prêtre ne tombe pas à l'avenir
dans une faute femblable, & pour
le punir d'y être tombé, il le condamne à paſſer quarante jours en
jeûnes & en prieres, ou plus long
tems, ce qui fera reglé ſuivant la
ferveur avec laquelle il acomplira
ſa penitence ;& pendant ce tems-
là, il ne celebrera point la ſainte
Meſſe. Voici les termes de l'Autheur.

Epist. 5.

PErvenerunt ad nos litterae san-
ctitatis tuae Deo dilectae, po-
stulantes à mediocritate nostra
sententiam ferri de Presbytero,
qui praeter voluntatem Parentum,
non expectato eorum consensu,
liberos ipsorum coronaverat: Quo-
rum postea studio separati, cum aliis
personis ad nuptiarum communio-
nem cùm venissent, operâ paren-
tum ab alio Presbytero benedi-
ctionem acceperint. De primo ita-
que Presbytero sic decernimus :
Si quidem contrariae parentum vo-
luntatis ignarus, ex inscitia, in co-
ronandis istis quae convenerunt
personis, in errorem lapsus sit, ta-
lis cùm sit, non prorsus latae cul-
pae obnoxius, tanquam de voluntario peccato damnandus est :
Non tamen tanquam omnis cul-
pae expers dimittendus ; Oportuit
enim ipsum accuratè sciscitatum
rescivisse, num voluntate paren-
tum, qui ad nuptias coïbant, con-

Ἐπιτ.

Ἐπιϛ. ἑ.

Ἀφίκετο ἡμῖν γράμματα τῆς σῆς θεοφιλείας, ἐπιζητοῦντα παρὰ τῆς ἡμῶν μετριότητος ψῆφον ἐπενεχθῆναι περὶ τοῦ πρεσβυτέρου τοῦ στεφανώσαντος παρὰ γνώμην τῶν γονέων τὰ τούτων τέκνα, καὶ τὴν τούτων συνάψεσιν μὴ προσδεξαμένους εἶτα ὑπ' αὐτῶν διαζευχθέντα, καὶ πάλιν ἑτέροις προσώποις κοινωνήσαντα, καὶ πρὸς γάμον ἐλθόντα, συνεργείᾳ τῶν πατέρων ὑφ' ἑτέρου πρεσβυτέρου εὐλογηθέντα, καὶ περὶ μὲν τοῦ πρώτου πρεσβυτέρου οὕτω διοριζόμεθα. Εἰ μὲν ἠγνόει τῶν τεκόντων τὸ ἀβούλητον, εἶτα ἐξ ἀγνείας περιπάρη, ἐν τῷ στεφανώματι τῶν συνελθόντων προσώπων, ὁ τοιοῦτος μὲν οὐ παντελῶς ἐστὶν ὑπεύθυνος, οὐδὲ ἑκουσίως ἁλώσιμος ἁμαρτήματι, οὐκ ἀνεύθυνος ἢ παντελῶς ἀπολύεται, ἐπείπερ ἔδει τοῦτον ἐξερευνῆσαι καὶ ἀκρι-

βολογησάμμνον ἀναμαθεῖν, Εἰ ἄρα
τῇ βυλήσει τῶ τεκόντων οἱ πρὸς γάμον συναπτόμθμοι συνιςῶσι τὸ συνοικέσιον. διὰ τῦτο, καθυιρέσϱ, μὲν ὁ
τοιῦτος ὐ χ᾽ ὑποβάλλεται, ἐπὶ χρόνον δὲ τινα ῥητὸν, τ̃ ἱερυρχίας, ὑπιχε-
θήσεται, ὲ τἰὼ ἐν τοῖς ἄλλοις ζαλαι-
πωείαν, ιηςείαις τέ φημι ὲ προσει-
χαῖς, ὑποςήσεται· ὁ δὲ χρόνος τῆς
ἐπιτιμήσεως, ἢ ἐν τεσσαράκοντα ἡ-
μέραις, ἢ δὶς τοσαύταις παραταθή-
σεται, πρὸς τ̃ ἀναλογίαν τῆς ἐν τῇ
μεζανοίᾳ θερμότητος· ὡς ἂν ἐξ ἀμε-
λῶς ὲ ῥαθύμυ γνώμης μηδέποτε μη-
δενὶ τοιῦτω περιπέσῃ· ἀλλ᾽ ὕτω μὲν
Εἰ πρὸς τὴν ἄγνοιαν μεταφέρει τὸ
ἁμάρτημα· Εἰ δὲ τὴν βύλησιν τῶ
πατέρων ἐξηπίζατο, ὲ ὡς ἀπηρέσκον-
το τῇ συναφείᾳ τε ὲ συμφωνίᾳ, χαὶ
ταῦτα Εἰδὼς, ὑπερεῖδε μὲν τὸν
φυσικὸν νόμον ὑπερεῖδε δὲ ὲ τὸν

jugium contraherent. Idcirco Ordinis sui jacturæ talis non subjicitur, sed ad tempus constitutum sacro celebrando prohibebitur : tum, eam quæ in reliquis cernitur austeritatem , jejuniis scilicet atque orationibus subibit : Tempus autem pœnæ subeundæ , vel ad quadraginta dies , vel bis totidem extendetur , pro ratione ipsius in pœnitentia fervoris ; ne amplius in ejusmodi quid delicti, ex incuria, animique ignaviâ incidat. Hoc igitur obtineat , si ad inscitiam peccatum referat. Quod si voluntatem Parentum consensui huic & conjugio adversari sciret , & ejus non ignarus , tum naturalem Legem tum spiritualem contempsit, quorum uterque irritum conjugium pronuntiat, Parentibus assensus sui suffragium non ferentibus , pœnæ rite obnoxius esto. Si tamen Parentes , postquam ætas liberorum per leges idonea ad nuptias esset , dilato per longum tem-

poris spatium conjugio , necessi-
tatem ipsi liberis præbuerint,etiam
invitis parentibus ad nuptias ac-
cedendi , tum nec Leges hujusmodi nuptias irritas faciunt, & qui
intereft Sacerdos, & eis benedi-
cit, nullâ culpâ tenetur. Ratum
autem fit hujusmodi conjugium,
Judice ex caufæ notitia , cuftodiam
liberorum , & legitimam ipforum
voluntatem improbitati parentum
præferente.

πνευματικὸν, (ἑκάτερος γὰρ ἄκυρον
ἀποφαίνει τὴν συνάρξιαν, τῶν τικὸν-
των οὐ φέρτον τὴν ἐπιτρέπουσαν ψῆφον) ὁ τοιοῦτος ἀπόδικος ἔςω. Εἰ
δὲ ἄρα μακρῷ χρόνῳ, τῆς γάμου νο-
μικῆς ἡλικίας τῶν παίδων ἐπιτηδείας
οὔσης, ὑπερετίθεντο οἱ γονεῖς, καὶ τὴν
ἀνάγκλην αὐτοὶ παρέχον, καὶ μὴ βου-
λομένων αὐτῶν, ἐλθεῖν τὰς παίδας
εἰς συνάφειαν, τηνικαῦτα καὶ τὸν τοιοῦ-
τον γάμον ὁ νόμος ἐκ ἄκυρον τίθησι, καὶ
ὁ ἱερεὺς παρὼν καὶ ἁγιάζων τὸν γάμον
οὐδεμιᾶς αἰτίας ἐστὶν ἔνοχος· λαμβάνει
δὲ ὁ τοιοῦτος γάμος τὸ κῦρος, κατὰ
τὴν ἀπόφασιν ἐπιτηρουῶτος, καὶ τῆς
τῶν τικόντων κακουργίας, τῶν παίδων
τὴν φυλαξίν τε καὶ ἔννομον θέλησιν
ἐπιπροσθεν ποιουμένου.

Dans le même siécle, par l'Ordre de l'Empereur Leon le Sage, on fit un Abregé des Loix qu'on obferveroit alors dans l'Empire d'Orient, dont la plus grande partie a été tirée des Inftitutions, du Code, du Digefte, & des Novelles de Juftinien, dans le douziéme Titre traittant des Mariages qui font permis entre les Chrétiens, & de ceux qui font defendus, on demande trois conditions pour les Mariages des enfans de famille : qu'ils ayent l'âge, les garçons quinze ans, & les filles treize, que le Mariage foit fait de leur confentement, & du confentement de leurs parens.

Cet Abregé eft dans le fecond Tome de la Collection de Leunclavius, intitulée *Jus Græco-Romanum*, pag. 101.

Συνίσταται γάμος Χριστιανῶν εἴτε ἐγγράφως, εἴτε ἀγράφως, μεταξὺ ἀνδρὸς καὶ γυναικὸς, τῶν εἰς τὴν ἡλικίαν πρὸς συνάφειαν ἡρμοσμένων, τοῦ μὲν ἀνδρὸς, ἀπὸ πεντεκαιδεκάτε τοῖς χρόνου· τῆς δὲ γυναικὸς, ἀπὸ τρισκαιδεκάτες χρόνου, ἀμφοτέρων, καὶ τῆς τῶν γονέων συναινέσεως προηγουμένης.

NUptiæ Christianorum, vel interveniente scriptura, vel citra scripturam contrahuntur inter virum & mulierem, ita ut ætas apta sit ad copulationem; viri quidem, ab anno quinto-decimo; mulieris autem, ab anno decimo-tertio, utrisque volentibus, & parentum consensu præcedente.

Bonefidius *a* dans son deuxiéme livre du Droit des Orientaux, parmi les Ordonnances Ecclesiastiques, en raporte une qui explique tres‑clairement, quel étoit l'usage de l'Eglise Grecque, lors qu'elle a été faite. Il l'a mise entre celles dont on ignore les Autheurs ; mais *b* Leunclavius l'a fait imprimer aprés lui, comme un Decret du Patriarche Alexis, qui vivoit vers le milieu de l'onziéme siécle, en voici le sujet.

Un particulier nommé Nicetas Chalcutza, avoit fait marier la fille de Pierre Bombylas sans le consentement de son pere. Ce Bombylas forme ses plaintes devant le Patriarche, contre Chalcutza, & demande que ce Mariage soit declaré nul. Le Patriarche ordonne, que si ce pere n'a consenti en aucune maniere, au Mariage de sa fille, il faut la separer d'avec

a *Bonefid. pag.* 173.
b *Leunclavius tom.* 1. *lib.* 3. *pag.* 205.

celui

celui quelle a voulu prendre pour
son mari , parce que suivant les
Loix de l'Eglise , & de l'Etat, ces
unions criminelles sont autant de
concubinages. Aprés avoir confirmé sa reponse, par l'authorité des
Loix, & par le temignage de saint
Basile, il ajoûte , qu'il faut s'informer de l'âge de la fille ; il dit ,
que ce Mariage subsistera, si elle
a plus de vingt-cinq ans , mais
si elle n'a pas encore cet âge ,
il commande qu'on la separe
d'avec celuy qu'elle a pretendu
epouser , qu'on punisse ceux qui
ont contribué à ce Mariage, &
qu'on envoie à l'Evêque du Lieu,
le Prétre qui la beni, afin qu'il le
face punir suivant la grandeur de
son crime. Voici l'ordonnance
comme elle est raportée par Leunclavius , tom. 1. pag. 205.

G.

De quodam, qui filio suo per nuptias conjunxit filiam familias alterius sine patris ejus consensu.

PEtrus cognomine Bombylas, è Græcia profectus, de Nuptiis lege non receptis noſtræ retulit mediocritati. Nam me abſente, inquit, Nicetas ille cognomine Chalcutza, uxorem meam Calam, & filiam Mitzam, domum ſuam deducens, ſacram precationem fieri curavit, & filiam meam Mitzam cum Leone filio Anthimi conjunxit. Hæc proponens, petiit, ut tam injuſtum diſſolveretur conjugium, Si igitur præter conquerentis voluntatem, filiam ejus duxit quiſpiam uxorem : & neque initio, neque poſtea contractui conſenſiſſe reperitur, ſed cum ſemper improbaſſe apparuit: hujus filiam

B. Πετρίνος ἁρμοσαμένου τῷ ἰδίῳ
υἱῷ πρὸς γάμον θυγατέρα τινὸς
αὐτεξουσίαν, παρὰ γνώμην τοῦ
πατρὸς αὐτῆς.

ΠΕτρος τὸ ἐπώνυμον Βομβυλᾶς
ἀπὸ Ἑλλάδος ὁρμώμενος, περὶ
γαμικῷ νόμῳ ἀπροσδικία τῇ ἡμῶν
αὐήνεγκε μετριότητι. ἐμοῦ (γὰρ φησιν)
ἀποδήμου τυγχάνοντος, Νικήτας ἐκ-
εῖνος, ᾧ τὸ ἐπίκλην Χαλκύτζης,
τὴν τε γυναῖκά μου Καλὴν καὶ τ᾽ θυγατέρα Μιτζὴν, εἰς τ᾽ οἶκον αὐτοῦ ἀγα-
γὼν, ἱερολόγησε, καὶ συνέζευξε τ᾽
ἐμὴν θυγατέρα Μιτζὴν μετὰ Δέον-
τος υἱοῦ Ἀνθίμου τοῦτο προτηνόμενος,
ἥτοι διαλυθῆναι τὸ οὕτος ἀνομώτατον
συνοικέσιον. Εἰ γοῦν προ γνώμην
τοῦ ἀγκαλέσαντος τ᾽ θυγατέρα αὐτοῦ
πρὸς γάμον ἠγαγέτο τις· καὶ ὅτι περὶ
περὶ οὗ. ὅπερ ἀνελίσκεται συναγέ-

σας τῷ συναλλάγματι, ἀλλ' ἀεὶ ὑπ'
ἀπαρεσκομένος φαίνεται· διὰ ταύτης
τῆς τύπου ἐξουσίας ἀπὸ οὗ κακῶς
συναφθέντος αὐτῇ. τὰς γὰρ τοιουτοπρό-
πους συνοικήσεις μισοῦσι μὲν οἱ νόμοι καὶ
ἀποτρέπονται, καὶ οὐδὲ γάμους ἡγοῦνται,
ὡς καὶ ἡ ἀγχίνοια σου ἐπίσταται· πόρρω
ᾗ τῶν πολιτευμάτων καὶ οἱ ἱεροὶ κανόνες
ἐλαύνουσιν. ὁ γοῦν τὰ Θεῖα πολὺς Βασι-
λέων, πορνείας οὐδὲν διενηνοχέναι
ταύτας φησίν. ὁ μὲν γὰρ γάμος οὐ γίνεται
(φησὶν) εἰ μὴ συναινῶσιν οἱ συναπτόμενοι, καὶ οἱ ἔχοντες αὐτοὺς ὑπ' ἐ-
ξουσίας, καὶ πολλαχοῦ δῆλός ἐστι τῆς
παρὰ γνώμην τῶν ἐχόντων ἵνα ὑπ' ἐ-
ξουσίας γινομένους γάμους αὐτῷ μηδενὸς
λογιζόμενος. ὁ δ' μέγας Βασίλειος ποτὲ μὲν, Αἱ κόραι (φησὶν) αἱ παρὰ
γνώμην τῶν πατέρων γεγαμηκυῖαι,
πορνεύουσι· εἰ δὲ μέχρι τῆς τῶν εἰ-
κοσιπέντε ἐνιαυτῶν ἡλικίας ἡ θυγάτηρ

familias ab eo, qui malè ei conjunctus est, separato. Hujusmodi enim conjugia leges oderunt & averfantur, neque pro nuptiis habent : ut prudentia tua novit. Sacri etiam Canones procul à civili adminiftratione repellunt. Ideóque in divinis excellens Imperator ea nihil à fcortatione differre ait. Nam nuptiæ non fiunt (inquit) nifi confentiant, qui conjunguntur, iique quorum in poteftate funt. Et multis in locis nuptias contractas præter eorum fententiam, qui in poteftate habent coëuntes, aperte pro nullis habet. Magnus autem Bafilius alicubi : Puellæ (inquit) quæ præter patrum voluntatem nupferunt, fcortantur. Quod fi filia ad vigefimum quintum ætatis annum pervenerit, & parentes eam viro conjungere diftulerint, fortéque inde acciderit, ut in fuum corpus peccet, flagitium hoc ei non imputari : quan-

doquidem non sua, sed parentum
culpa hoc noscatur commisisse.
Videndum igitur num forte Petri filia vigesimum quintum annum excesserit. Tunc enim si
quid præter patris voluntatem fecerit, non damnabitur. Si verò
nihil tale contigit, sed contra
legem omnem filiafamilias Petri
præter ejus voluntatem nupserit,
non solùm conjunctos per tuam
celebritatem disjungi oportet, sed
& eos qui auxilium ad id tule-
runt, corrigi : & Sacerdotem,
qui sacram precationem facere au-
sus fuerit, ad loci Episcopum remitti, dignas audaciæ pœnas luitu-
rum. Quod si res etiam aliquæ
(ut prædictus asseruit Petrus)
ipsius domo translatæ sunt ad domum ejus, cui filia nupsit, eas reci-
pi, eique restitui. Exigenda autem est etiam juxta tenorem legum
stupri pœna, & parti ejus, quæ
corrupta est, præstanda. Dat.
mense Aprili, indictione ··· anno
VICIƆ. IƆ. XLVI.

τηρ γένηται, ἢ οἱ γονεῖς ὑπερθῶνται
ταύτην ἀνδρὶ συνάψαι, κ̀ ἴσως ἐκ
τύτυ συμβαίη εἰς τὸ ἑαυτῆς σῶμα
ταύτην ἁμαρτῆσαι, ὅτι εἰς ἀχρη-
σίαν αὐτῇ μὴ λογίζεσθαι· ἐπειδὴ ὂ τῇ
ἑαυτῆς, ἀλλὰ τῇ τ̃ γονέων αἰτίᾳ, ὅτι
γινώσκεται πλημμελέσασα. δεῖ τοί-
νυν σκοπεῖν μὴ κ̀ ἡ τ̃ Πέτρυ θυγάτηρ
ζατ̀ τ̃ εἰκοςὸν πέμπτον ἴσως ἐγε-
γόνει ἐνιαυτὸν· τότε γὰρ εἴτι κ̀ παρὰ
γνώμην τῦ πατρὸς πεποίηκεν, ὂ κα-
τακριθήσεται· εἰ μέντοι μηδὲν τιῦτον
συνέβη, ἀλλὰ παρὰ ταύτα νόμον ἡ
ὑπεξυσία τῦ Πέτρυ θυγάτηρ παρὰ
γνώμην αὐτ̃ ἐγύματο, ὂ μόνον τῆς
συναφθέντας διαζυγῆναι χρὴ παρὰ
τ̃ δικλείας συ, ἀλλὰ κ̀ τὺς εἰς τὴν
συναραμένυς εὐθυνθῆναι, κ̀ τ̃ τ̃ ἱερο-
λογίαν τολμήσαντα ἱερέα τῷ κτ̀ τ̃
τόπον ὑποσκόπῳ παραπεμφθῆναι, δί-
κας τῦ τολμήματος τὰς ἀξίας ληψό-

μόνον. εἰ δ᾽ ἢ κὶ ἵνα πράγματα (ὡς ὁ
διελθεὶς ἔφη Πέτρος) ἀπὸ τῆ οἰκίας
αὐτῦ πρὸς τ τῦ συναφθέντος τῆ θυγατρὶ αὐτῦ οἰκίαν μετηνέχθησαν, κἀ-
κεῖνας ἀναληφθῆναι κὶ ἀποκαταστῆναι
αὐτῇ. δεῖ δ᾽ ἐ ... τῆ φθορᾶς πρόστι-
μον ἀπαιτηθῆναι κατὰ τὴ τῦ νόμου
περίληψιν, κὶ τῷ τ φθαρείσης μέρη
προσαχθῆναι. Μηνὶ Ἀπριλλίῳ,
ἐπινεμήσεως .... ἔτους ϛ Φ Μ ϛ.

La Pragmatique de l'Empereur Michel Duca, ou l'Abbregé des Loix que le Pronconsul Michel Attaliata fit par l'ordre de ce Prince, vers l'an 1072. confirme cet usage. Il y a en termes exprés, dans le 25. titre, qui est des Mariages, que deux choses sont necessaires pour la validité du Mariage de ceux qui sont en la puissance dautrui, leur consentement, & celui des personnes dont ils dependent. *Nuptiæ non consistunt nisi & qui copulantur consentiant, & quorum in potestate sunt.* Il est evident que cette Loi comprend les enfans de famille, puisqu'ils sont en la puissance de leur pere pendant qu'ils ne sont pas emancipez.

ΤΙΤΛΟΣ ΚΕ

περὶ Γάμων.

Οὐ γίνεται γάμος, εἰ μὴ συναινέσουσιν οἱ συναπτόμενοι, καὶ οἱ ἔχοντες αὐτοὺς ὑπεξουσίους.

Leunclavius Tom. 2. pag. 23.

Bonefidius dans le troisiéme livre du Droit des Orientaux, raporte une lettre d'un Metropoli-
tain de Candie, qui explique encore plus clairement, le soin qu'on
aportoit dans son Eglise, pour y
faire observer exactement cette
discipline. Cette lettre est une reponse à plusieurs questions, sur
lesquelles un Moine nommé De-
nis, avoit consulté ce Metropoli-
tain. Dans la quatriéme question,
ce Religieux demande, si un Prêtre doit recevoir les oblations des
peres de famille, qui sçavent que
leurs enfans, qui sont encore en
leur puissance, frequentent des
femmes débauchées. Le Metro-
politain repond, que les Prêtres
ne doivent pas recevoir les oblations des enfans, pendant qu'ils
seront dans ce desordre ; d'où il
conclut, qu'il faut aussi rejetter
celles de leurs peres, parce que ne
s'étant pas servis de l'authorité
qu'ils ont sur leurs enfans, afin

de les retenir, ils sont coupables
de leurs crimes. Il aporte ensuite,
un temoignage de saint Basile, qui
dit dans le Canon 71. de l'Epître
Canonique, qu'il a écrite à Amphilochius, que ceux qui ont part
à des crimes, doivent faire penitence autant de tems, que ceux
qui les ont commis. Il ajoûte
aprés, que les raisons qui ont obligé d'établir cette regle, sont beaucoup plus fortes dans ce cas, que
dans les autres, parce que les enfans sont dans une si grande de-
pendence de leur pere, qu'ils ne
peuvent pas même epouser une
femme legitime, sans son consentement. Il le prouve par le 42.
Canon de la même lettre, où saint
Basile dit qu'un fils ne peut point
se marier sans le consentement
de son pere, & que s'il le faisoit,
ce ne seroit point un Mariage,
mais un concubinage.

ELIÆ METROPOLITANI

CRETÆ.

RESPONSA AD DIONYSIUM monachum, de diversis ejus interrogationibus.

De eo qui animadvertit suum filium scortantem.

QUANTUM autem ad illud pertinet, an oporteat sacerdotes suscipere oblationes patrum illorum, quibus scientibus filii in potestate positi scortantur, nécne. (Hæc enim tua interrogatio quarta) aio, Si scortantium, nec à scortatione recedentium, admittendæ sunt, & patrum etiam omninò quorum permissu liberi scortantur. Nam non vetare scientes, sed tacere, permittere proculdubio est. Quòd si non illud, hoc quonam modo ? Atqui scortantium non sunt admittendæ :

ΗΛΙΟΥ ΤΟΥ ΜΗΤΡΟ-
πολίτου Κρήτης ἀποκρίσεις πρὸς τινα μοναχὸν Διονύσιον περὶ διαφόρων αὐτῷ ἐρωτήσεων.

Περὶ τοῦ ἐπινοοῦντος τὸν ἑαυτοῦ υἱὸν πορνεύοντα.

Περὶ δὲ τοῦ εἰ χρὴ τὰς ἱερὰς τὰς τῶν πατέρων ἐκείνων δέχεσθαι προσφορὰς, ὧν εἰδότες οἱ ὑπεξούσιοι παῖδες πορνεύωσιν, ἢ μή· (τοῦτο γάρ σοι τέταρτον ἐρώτημα) φημὶ ὡς εἰ δεῖ τὰς τῶν πορνευόντων καὶ μὴ ἀφισταμένων τῆς πορνείας προσιέναι, δεῖ πάντως καὶ τὰς τῶν πατέρων, ὧν προτροπῇ οἱ παῖδες πορνεύουσι. τὸ γὰρ εἰδότας μήκω λύειν, ἀλλὰ σιγᾶν, προτρέπειν αὐτίκρυς ἐστίν. Εἰ δὲ οὐκ ἐκεῖνο, πῶς τοῦτο; ἀλλὰ μικρῷ

τὰς τῶν πορνευόντων οὐ προσίεσθαι
δεῖ. οὐκ ἄρα οὐδὲ τὰς τῶ κοινωνού-
των αὐτοῖς. ὅτι ᾧ κοινωνὸς ὁ πατὴρ,
φανερόι. εἰς τοῦτο γὰρ φέρει τὸ, Εἰ
ἐθεώρεις κλέπτην συνέτρεχες αὐτῷ,
καὶ μετὰ μοιχοῦ τὴν μερίδα σου ἐτίθης.
Καὶ ἐν τῷ κανόνι τῷ μελάνου Βασιλείου, ὃς λέξεσιν αὐταῖς οὕτως διέ-
ξεισιν, Ὁ συνεγνωκὼς ἑκάστῳ τῶν
ἁμαρτανόντων, καὶ μὴ ὁμολογήσας,
ἀλλ' ἐλεγχθείς, ἐν τοσούτῳ χρόνῳ
εἰς ὅσον ὁ ἐργάτης τῶν κακῶν ἐπιτε-
τίμηται, καὶ αὐτὸς ἔσται ἐν ἐπιτιμίᾳ.
Καίτοι ἐνταῦθα ἐπὶ τῷ ἐν εἰδότος
τοῦ πατρὸς πορνεύοντος υἱοῦ τὸ πλέον τι
θεωρεῖται, ἢ ἐφ' ὧν εἴρηται. τοσοῦτον
γὰρ οἱ παῖδες ἀπὸ τῶν πατέρων ἐξου-
σιάζονται, ὥστε οὐδὲ νομίμῳ γυναικὶ
συνάπτεσθαι ἄνευ τῆς ἐκείνων συναινέσεως δύνασθαι. οἱ γὰρ ἄνευ τῶ κρατούντων γάμοι (ὡς φησιν αὖθις ὁ μέ-

nec igitur eorum qui confcii participant. Confcium autem & participem effe patrem perfpicuum eft. Eò enim illud pertinet, Si confpiciebas furem, cum eo concurrebas, & cum mœcho partem tuam ponebas. Et in feptuagefimo primo Canone magni Bafilii, qui his verbis pronuntiat ; Confcius cum unoquoque delinquentium, non confeffus, fed convictus, tanto tempore fub pœna erit, quanto is qui eft mali autor emendatur. Quamquam hic in filio qui fciente patre fcortatur, plus quidpiam confpicitur, quàm de quibus dictum eft. Adeò enim fubjecti funt patribus filii, ut neque legitimæ uxori fine illorum confenfu conjungi poffint, Nuptiæ enim fine iis qui habent in poteftate coeuntes (ut iterum magnus ille inquit quadragefimo fecundo canone) funt fcortationes. Neque igitur patre vivo, neque domino, qui coeunt, funt

criminis exortes. Conventiones
enim eorum qui in aliena potestate sunt , nihil firmitatis habent.
Si hæc igitur ita se habent , quis
horum patrem pœna scortantium
eximet ? Ideóque & hic , quem-
admodum filius , erit excomunica-
tus : quia cùm posset prohibere,
aut aliter legitimo elocare matrimonio , nihil horum fecerit.
Quonam autem modo non ma-
gis Deum exacerbabit , qui cùm
peccati causam non præcidat ,
oblationibus & precationibus pla-
cari Deum arbitratur ? Idem enim
faceret cum iis qui iniquitatem
commiserunt , & injustè parta pos-
sident , sed maleficiorum remitti
sibi pœnam à judice muneribus
deprecantur. Hi enim talia de-
precantes , acerbiorem omnino
sibi potiùs reddent judicem.

γὰς οὗτος ἐν τῷ μβ΄ κανόνι αὐτοῦ)
πορνεῖαί εἰσιν. οὔτε οὖν τοῦ πατρὸς ζῶντος, οὔτε τῷ δεσπότῃ, οἱ συνιόντες,
ἀνεύθυνοι. αἱ γὰρ συνθῆκαι τῶν ἐξουσίων οὐδὲν ἔχουσι βέβαιον. εἰ οὖν
ταῦτα οὕτως ἔχει, τίς ὁ τὸν πατέρα
τούτων τῆς τῶν πόρνων ἐξαιρησόμενος
ἐπιτιμίοις; ἔσται οὖν καὶ οὗτος ὁμοίως
τῷ ... ἀφαιρεθμένος· ὅτι παρὸν κω-
λύειν, ἢ καὶ ἄλλως νομίμως ἐκγαμί-
ζειν, οὐδὲν τούτων πεποίηκε. πῶς δ'
οὐ παροξύνει μᾶλλον θεὸν ὁ μὴ ἀνα-
λύων καὶ τῆς ἁμαρτίας, οἰόμενος δὲ
διὰ τῶν προσφορῶν καὶ δεήσεων
ἐξιλεοῦσθαι θεόν; ἴσον γὰρ τι ποιεῖν τοῖς
ἀδικοῦσι μὲν, καὶ τὰ ἐξ ἀδικιῶν καρπ-
χουσιν, ἀξιοῦσι δὲ τὸν δικαστὴν δω-
ρεαῖς ἀφεῖναι τούτοις τὴν ... τῶν ἀδι-
κημάτων ποινήν. πάντως γὰρ παρο-
ξυνοῦσιν οἱ τοιοῦτοι μᾶλλον τὸν δικαστὴν, τοιαῦτα ἀξιοῦντες.

Η

Du tems de Theodore Balsamon l'Eglise Grecque observoit encore son ancienne discipline sur les Mariages des enfans de famille faits sans le consentement de leurs parens. Cet Autheur étoit Patriarche d'Antioche sur la fin du douziéme siécle & au commencement du treziéme. Ecrivant sur le chapitre neuviéme du treziéme titre du Nomocanon de Photius, il ne dit pas seulement que suivant la discipline de son siécle ces Mariages sont nuls ; il confirme par les Loix anciennes, que c'étoit aussi l'usage des siécles precedens. Expliquant ensuite en quel cas la Loi ordonne l'exheredation contre une fille qui s'est mariée sans le consentement de son pere, il dit que la Loi ne l'ordonne point si l'homme qu'elle a epousé n'est pas beaucoup au dessous de sa condition, mais que le pere de la fille, quand même elle auroit plus de vingt-cinq ans,

peut fe pourvoir pardevant le Juge, & faire declarer le Mariage
nul. Voici les termes de l'Autheur , comme ils font raportéz
dans le fecond tome de la Biblio-
theque du Droit Canonique ancien, que Meffieurs Voelle, & Ju-
ftel ont donnée au public , pag.
1117.

Quod autem qui quæve in poteftate funt, citra confenfum ejus
qui eos in poteftate habet, legitimè matrimonium contrahere non
poffint: (*id verò*) ex multis cap.
manifeftum eft. Tit. 11. lib. xxiii.
Dig. eft in cap. 1. tit. iv. lib.
xxviii. atque ejnfdem tit. cap.
11. ait : Non confiftunt nuptiæ,
nifi qui conjunguntur, quique eos
in poteftate habent, confentiant.
Novella cxv. eft in cap. xxxviii.
tit. viii. lib. xxxv. Bafil. atque
xii. ejus in cap. hæc dicit : Si cui
ex prædictis parentibus filiæ ne-
ptive fuæ maritum dare, & fe-
cundùm vires patrimonii fui pro
ea dotem offerre volenti, illa non
confenferit, fed turpem vitam
delegerit : fed fi filia ad annum
ætatis vigefimum quintum pervenerit, & parentes differant marito eam conjungere, & ex hoc
contingat ut in corpus fortè fuum
peccet, hoc ad ingratitudinem
imputari filiæ nolumus : quando-

ὅτι δὲ οὐ δύναται ὑπεξούσιος, ἢ ὑπε-
ξουσία νομίμως γαμεῖν, χωρὶς γνώμης τῶν ἐχόντων ὑπεξουσίους, δῆλόν
ἐστιν ἀπὸ κεφ. πολλῶν. ὁ Ϛʹ. Ἄτ. τοῦ
κγʹ. βιβλίου τῶν Διαταξεων κεῖται
ἐν κεφαλαίῳ αʹ. τοῦ δʹ. Ἄτ. τοῦ κη.
βιβλίου. καὶ φησὶ ὁ Ϛʹ. κεφ. τοῦ αὐτ
Ἄτ. οὐ γίνεται γάμος, εἰ μὴ συναινέ-
σωσιν οἱ συναπτόμενοι, καὶ οἱ ἔχοντες
αὐτοὺς ὑπεξουσίους. ἡ εἰὲ. νεαρὰ. κεῖται εἰς τῇ ἢ Ἄτ. τ λέ. βιβ, τ βασιλ.
καὶ φησὶ ὁ ιϛʹ. ταύτης κεφ, ταῦτα· εἰ
τινὶ ἐκ τῶ εἰρημένων γενέων βουλομένω
τῇ ἰδίᾳ θυγατρὶ ἢ ἐγγόνη ἄνδρα
δοῦναι; καὶ προσήκα κτ' τῶ δύναμιν
τῆ ἰδίας περιουσίας ὑπὲρ αὐτῆς προέ-
χων ἐκείνη μὴ συναινέσῃ, ἀλλὰ ἀ-
χθὲν βίον ἐπιλέξεται. εἰ δὲ καὶ μέχρι
τῆ τοῦ κʹ. ἐναυτῷ ἡλικίας ἡ θυγάτηρ
γέννησαι, καὶ οἱ γονεῖς ὑπὲρ θῶνται
ταύτην ἀνδρὶ συνάψαι, καὶ ἴσως ἐκ

πούτων συμβαίνει εἰς ὃ ἑαυτῆς σῶμα
ἁμαρτῆσαι, τοῦτο εἰς ἀχαριστίαν τῇ
θυγατρὶ λογίζεαι οὐ βουλόμεθα.
ἀλλ' οὐ τῇ ἑαυτῆς, ἀλλὰ τῇ τῶν γονέων
αἰτίᾳ τοῦτο γινώσκεται πλημμελησά-
σι. καὶ ταῦτα μὲν ἡ ἐν τοῖς βασιλικοῖς
καταστρωθεῖσα νεαρά. σὺ ῇ πρόσεχε,
ὅτι ὃ διδοὺς τὴν θυγατέρα μετὰ τὸν κε.
χρόνον ἑαυτὴν ἐλευθέρῳ συζευξει καὶ
νόμῳ γάμου παρὰ γνώμην τοῦ πατρὸς αὐτῆς οὐ προσελήφθη εἰς τὰ
βασιλικά, καὶ διὰ τοῦτο οὐδὲ ἐνεργεῖ,
σημειῶσαι ἐν τῷ παρόντι θ. κεφαλαίῳ γραφέντα περὶ ἐξουσίων
θυγατέρων. ἐπεὶ δὲ τινες εἶπον ὅτι πορ-
νεύσασα μὲν ἡ θυγάτηρ μετὰ τὸν κε.
ἐνιαυτὸν οὐκ ἀποκληρωθήσεται. κατὰ
τὸ ιϛ. κεφάλαιον τοῦ η. τίτ. τοῦ λε. βιβ.
τῶν βασιλικῶν, ὃ περ ὃ κατεστρώθη ἐν-
ταῦθα· γαμηθεῖσα ἢ ἀποκληρωθήσεται, διὰ ὃ μὴ καταστρωθῆσαι εἰς τὸν

quidem non sua, sed parentum culpa hoc deliquisse digno-
scitur. Atque hæc quidem (*habet*) Basil. inserta novella. Tu
verò animadvertas, quòd filia
post vigesimum quintum annum
se præter voluntatem patris sui
liberæ conditionis homini connubii jure jungere possit, (*id*)
in Basil. non esse assumptum ideo-
que efficaciam non habere. No-
ta quæ in præsenti i x. cap. de
filiabus in potestate constitutis
scripta sunt. Quoniam verò non-
nulli dixerunt, filiam quæ post
vigesimum quintum annum for-
nicatur, secundùm x i i. cap. tit.
v i i i. lib. x x x v. Basil. quod hîc
etiam insertum est, non posse
exhæredari : quæ verò nubit ,
posse : quod filiam post vigesimum quintum annum præter voluntatem patris sui se connubii
jure viro jungere posse, non sit
insertum Basil. dico, quòd quum
eadem, quæ causas ob quas parentes liberos exhæredare pos-

sunt enumerat , Justinianca novella statuat, ut qui filius præter (*consensum*) patris cum mi-
mis aut arenariis venatoribus
conversatur , exhæredetur , de-
beamus dicere , fornicationem
atque nuptias aliàs venia dignan-
das , aliàs non. Siquidem si filia , sive ante perfectam ætatem
sive post , matrimonii lege cum
viro (*non omnino*) vituperabili
conjuncta fuerit : ut non gravem pater ex nuptiis injuriam
accipiat : matrimonium quidem
tanquam quod consistere nequeat,
ex aditione patris (*ad judicem*)
dissolvetur , sed filia non exhæredabitur. Quod ipsum sanè fu-
turum etiam est , si simili modo
fornicata fuerit. At sive per nuptias, sive per fornicationem (*omnino*) gravem patri injuriam intu-
lerit, exhæredabitur. Idem verò &
in filio fiet. De fornicatione autem
adhibito discrimine quæretur. Alia
enim diuturna, alia temporaria est,

Θαν

βασιλικὰ δ' δύνασθαι τὴν θυγατέρα
μετὰ τὸν κε'. χρόνον ἑαυτὴν συζεῦξαι
ἀνδρὶ κατὰ νόμον γάμου παρὰ γνώμην τοῦ πατρὸς αὐτῆς, λέγω ὅτι ἐπεὶ
ἡ αὐτὴ Ἰουστινιάδος νεαρὰ ἡ τῆς αἰτίας ἀριθμουμένη δὲ ἃς δύνανται οἱ
γονεῖς παῖδας ἀποκληροῦν, διαιρεῖ-
ται ἀποκληροῦσθαι τὸν υἱὸν παρὰ τοῦ
πατρὸς μετὰ μίμων ἢ κυνηγῶν συνα-
ναστρεφομένων, ὀφείλοντα λέγειν καὶ τὴν
πόρνην καὶ τὸν γάμον ποτὲ μὲν συγγνω-
στέον εἶ), ποτὲ δ' ἀσύγγνωστον. εἰ μὲν γὰ
ἡ θυγάτηρ κατὰ νόμον γάμου συζευ-
χθῇ, εἴτε περὶ τῆς τελείας ἡλικίας αὐτῆς, εἴτε μετὰ ταῦτα αἰδχθὸς δυσεπι-
φόρου, ὥστε μὴ τραχέως διὰ τοῦ γάμου
ὑβελαθῆναι τὸν πατέρα, ὁ μὲν γάμος
λυθήσεται ἐκ προσελεύσεως τοῦ πατρὸς, ὡς ἀυπότ̣ςατος. ἡ δ' θυγάτηρ
οὐκ ἀποκληρωθήσεται, καὶ ὁ περὶ δὴ
γ̣ωνήσεται, καὶ ἐὰν ὁμοίως πορνεύσῃ. εἰ

ἢ τραχεῖαν ὕβριν ἐπαγάγῃ τῷ παι-
τρὶ, εἴτε γημουμένη, εἴτε πορνεύουσα
ἀποκληρωθήσεται. ὃ αὐτὸ ἢ χρήσεται
ᾧ ἐπὶ ... τὰ ἢ τῆς πορνείας μετὰ
διακρίσεως συζηθήσεται. ἀλλὴ γὰρ ἐστὶν
ἡ πολυχρόνιος, καὶ ἑτέρα ἡ προσκαι-
ρος.

Tous ces témoignages font voir évidemment que l'Eglise Grecque n'a point changé son ancienne discipline, & qu'on y a toûjours été perfuadé, que les Mariages des enfans de famille faits fans le confentement de leurs parens, font nuls.

Au commencement du Schifme, & depuis qu'il a été formé, les Latins & les Grecs ont écrit plufieurs fois les uns contre les autres, ils en font venus fouvent aux reproches, & même aux invectives ; leurs livres dans le neuviéme fiécle du tems de Photius, & dans l'onziéme fous Michel Cerulaire, en font pleins ; on ne lit dans aucun, que les Latins aient repris les Grecs de ce qu'ils étoient dans ces ufages.

Plufieurs Papes ont travaillé à faire revenir ces Schifmatiques ; ils ont fait examiner avec beaucoup de foin, les erreurs où ils étoient, afin que dans les conferences qu'on auroit avec eux, on pût les convaincre, & leur faire recevoir la doctrine de l'Eglise Catholique. On n'a point mis leur discipline sur le Mariage des enfans de famille fait sans le consentement de leurs parens, entre les articles sur lesquels on devoit conferer.

On ne peut point répondre que les Papes pour faciliter l'union des Grecs, toléroient une partie de leurs erreurs, esperant qu'ils les abandonneroient peu à peu, aprés qu'ils seroient rentrés dans l'Eglise.

Cette raison auroit pû obliger les Latins de n'en faire pas un point essenciel; mais s'ils avoient crû que cette discipline est contraire à l'esprit de l'Eglise, ils auroient toûjours proposé aux Grecs de la réformer, & on ne s'y seroit pas arrêté, si on ne les avoit point trouvés disposés à se laisser persuader par nos raisons.

Aprés que les Latins & les

Grecs qui étoient au Concile de
Florence, eurent soufcrit au Decret d'union, les Latins propofé-
rent aux Grecs onze queftions,
dont la plus grande partie ne font
point autant importantes que celle-ci le feroit, fi l'Eglife condamnoit leur difcipline ; par exemple,
pourquoi ils mettent de l'eau chau-
de dans le Calice. Pourquoi ils
font une inclination, lors qu'ils
portent fur le grand Autel le
pain & le vin qui ne font pas con-
facrés. Pourquoi avant la confé-
cration, ils difent ces paroles de
faint Jean, chap. 19. verf. 34 *Vnus
autem militum lanceà latus ejus ape-
ruit, & continuò exivit fanguis &
aqua.* Pourquoi ils difent ces paroles de faint Matthieu chap. 2.
verf. 9. *Et ecce ftella venit, & fte-
tit fupra, ubi erat puer.* S'ils
avoient crû que les Loix qui ordonnent que le confentement des
parens eft neceffaire pour la validité du Mariage de leurs enfans

font injustes, & contraires à l'esprit de l'Eglise, il ne faut pas douter qu'ils n'eussent blâmé cette discipline des Grecs, & que s'ils n'en avoient pas fait un article dans le Decret d'union, ils l'auroient au moins ajoûté aux questions qu'ils leurs proposerent aprés.

Les Latins n'oublierent pas de proposer aux Grecs ; pourquoi en certains cas ils aprouvoient la dissolution du Mariage, c'est la dixiéme question : *Quare conjugia dirimitis, dicente Domino, quod Deus conjunxit, homo non separet.* Et méme les Grecs ne les contenterent point sur cette question *Hæc à Latinis objecta, Mitylenensis canonicè omnia legitiméque dissolvit, præter quàm duo, de quibus Papa significavit Imperatori, cur scilicet matrimonia dirimantur, & Patriarcha non eligatur, Latinis contradicentibus legem nihil valere adversùs Domini vocem, quos Deus conjunxit, homo non separet, & non esse conve-*

niens hinc abire absque capite. Quelques jours aprés , le Pape Eugene IV. fit aſſembler les Evêques
Grecs , & leurs propoſa la même
choſe , il leur dit que tous les
Latins condamnoient cette diſcipline , & qu'il étoit néceſſaire de
la réformer. *Nos fratres Dei bene-*
ficio ſumus fide conjuncti. Quoniam
ergo arcanis Dei judiciis ego ſum in-
ter vos membra , caput , debeóque
qualitercunque admonere , & conſiliis
inſtruere ad ea quæ videntur pieta-
tem & Eccleſiam noſtram conſtabilire,
propono vobis aliqua ut fratribus , ut
membris , ut Eccleſiarum ductoribus.
Et primò dico omnes conqueri de ſepa-
ratione matrimoniorum , idque corre-
ctione indiget. Tout cela fait connoître le ſentiment des Latins ſur
l'indiſſolubilité du Mariage , &
quoi qu'ils ne cruſſent pas , que
l'uſage contraire des Grecs dût
empêcher l'union , puis qu'ils
n'en parlerent qu'aprés qu'elle
fut faite , ils le conſidéroient com-

I iiij

me un abus tres - dangereux.

J'ay remarqué sur le témoignage des deux Historiens du Concile de Trente, que le septiéme
Canon de la Session vingt-quatre
de ce Concile, ayant été composé
d'une maniére qui sembloit condamner l'usage des Grecs sur l'indissolubilité du Mariage, on le
réforma sur les remontrances des
Ambassadeurs de la Republique
de Venise. Et que les Peres en
rendoient cette raison, que le
Concile n'avoit point été assemblé pour examiner les opinions de
chaque Nation, mais seulement
pour condamner les erreurs des
Protestans. Les Theologiens que
j'entreprens de refuter, conviennent que l'erreur des Grecs sur
l'indissolubilité, est plus considé-
rable, & la pratique beaucoup
plus dangereuse, que ne sont
leurs usages sur les Mariages des
enfans de famille faits sans le consentement de leurs parens ; ils

foûtiennent que la Loi de Dieu nous aprend, qu'il n'y a point de caufe pour laquelle on puiffe dif-foudre un Mariage confommé, mais ils ne prétendent pas qu'il n'y a point de raifons qui puiffent rendre nul le Mariage des enfans de famille, auquel leurs parens n'ont pas confenti ; au contraire, ils enfeignent que l'Eglife peut  faire des Loix qui ordonnent, que le confentement des parens foit neceffaire pour la validité du Mariage de leurs enfans. Il n'eft point vrai-femblable que le Concile de Trente qui n'a pas voulu condamner l'ufage des Grecs fur la diffolution du Mariage, leur ait dit Anathéme, parce qu'ils foûtiennent que les Mariages des enfans de famille faits fans le con-fentement de leurs parens, font nuls, lors que les Loix défendent de les reconnoître pour légitimes.

Peut-on croire que les Peres de ce Concile, qui ne veulent

point prononcer sur des points
importans qui regardent les Grecs,
parce que leur dessein n'est pas
d'examiner les opinions de chaque nation, les condamnent en
même temps pour des choses qui
ne sont pas d'une si grande consequence, & qu'ils ordonnent contre eux la plus grande peine que
l'Eglise puisse imposer, parce qu'ils
sont dans une discipline, qui étoit
celle de toute l'Eglise Grecque
& Latine avant le Schisme, que
les Grecs ont continué d'observer,
& qui n'a cessé chez les Latins,
que par le relâchement qui s'y est
introduit. Voilà un juste sujet d'A-
nathéme, & une conduite tres-
sage qu'on attribuë au saint Concile de Trente. C'est cependant
où en sont reduits les Théologiens, qui pretendent que le Decret de ce Concile sur les Mariages
des enfans de famille faits sans le
consentement de leurs parens, est
contraire aux Ordonnances de nos
Rois.

CHAPITRE VI.

On prouve par les Loix que l'Eglise a faites, ou approuvées, qu'elle a toûjours été dans un sentiment conforme aux Ordonnances de nos Rois sur les Mariages des enfans de famille faits sans le consentement de leurs parens.

LEs constitutions Canoniques, & les Loix Civiles convien-nent, que le rapt est un empé-chement dirimant. Il y en a de deux sortes, un de violence, & l'autre de subornation. Le rapt de violence est celui qu'on exerce à force ouverte, contre quelque per-sonne que ce soit, majeure ou mi-neure ; on l'enleve, ou par d'au-tres voies on la contraint à con-sentir au Mariage. Le rapt de sub-ornation se fait, lors que le ra-visseur par des amorces de plaisir, corrompt & seduit l'esprit, & le cœur de la personne ravie. Les Loix Civiles punissent le rapt de subornation, de la peine capitale, comme le rapt de violence; elles y comprennent non seulement les principaux autheurs, mais aussi ceux qui en sont les complices, & les fauteurs. En effet le rapt de subornation n'est pas moins dangereux que l'autre; il cause même de plus grands désordres dans les familles, & souleve les enfans contre leurs pére & mére. C'est le fondement des Loix de ce Roiaume, qui déclarent nuls les Mariages que les enfans de familles contractent sans le consentement de leurs parens ; on présume toûjours qu'ils ont été faits par séduction, & la volonté d'un enfant, ne peut être contraire à celle de ses parens, dans une action autant importante qu'est le Mariage, que lors qu'elle est corrompuë.

Le rapt de subornation est un des premiers empêchemens diri-mans, qui ont été confirméz par les Loix de l'Eglise, il y en a peu sur lesquels nous aions autant de Canons, que nous en avons sur celui-ci : ce qui prouve evidem-ment, que l'Eglise a été persua-dée dans tous les temps, qu'il est tres-important pour la sanctifica-tion des Fidéles, l'union des fa-milles, & le repos des Etats, de ne reconnoître point pour legi-times, les Mariages des enfans de famille que les Ordonnances de nos Rois déclarent nuls. Le pre-mier Concile d'Orleans tenu en 511. condamne également le rapt de subornation & celui de violen-ce,& les punit de la même peine; *a De raptoribus autem*, dit-il, *can. 2. id custodiendum esse censuimus, ut si ad Ecclesiam raptor cum rapta confuge-rit, & fœminam ipsam, violentiam pertulisse constiterit, statim liberetur*

a Tom. 4. Concil. pag. 1465.

de potestate raptoris, & raptor (mortis vel pœnarum immunitate concessâ) aut serviendi conditioni subjectus sit, aut redimendi se liberam habeat facultatem. Si verò quæ rapitur, patrem habere constiterit, & puella raptori aut rapienda, aut rapta consenserit, potestati patris excusata reddatur, & raptor à patre superioris conditionis satisfactione teneatur obnoxius. Ces paroles, *Et puella raptori aut rapienda aut rapta consenserit*, ne laissent aucun lieu de douter que ce Concile parle du rapt de subornation. Celles qui suivent, *potestati patris excusata reddatur*, sont une condamnation expresse du Mariage de la fille subornée avec son ravisseur. Ces derniers mots du Canon, *Et raptor à patre superioris conditionis satisfactione teneatur obnoxius*, condamnent le ravisseur à toute la peine ordonnée par le même Canon, contre le rapt de violence.

Trente ans aprés, le quatriéme

Concile d'Orleans fit deux Canons sur ce même sujet, voici ce qu'il ordonne dans le 22. Canon. *Vt nullus per imperium poteſtatis filiam competere audeat alienam, ne conjugium, quod contra parentum voluntatem impiè copulatur, velut captivitas judicetur, ſed ſicut eſt prohibitum, non admittatur.* La raiſon de ce Concile, pourquoi il condamne ce Mariage, eſt parce que, *Conjugium contra parentum voluntatem impiè copulatur.* Il n'auroit pas ajoûté, *Sicut eſt prohibitum, non admittatur,* ſi l'Egliſe avoit toléré les Mariages des enfans de famille faits ſans le conſentement de leurs parens. Le vingt - quatriéme Canon du même Concile fait voir évidemment que ces Mariages étoient nuls. *Quæcumque mancipia ſub ſpecie conjugii ad Ecleſiæ ſepta confugerint, ut per hoc credant poſſe fieri conjugium, minimè eis licentia tribuatur, nec talis con-*

a *Tom. 5. Concil. pag. 585.*

junſtio à Clericis defenſetur , quia
probatum eſt ut ſine legitimâ tradi-
tione conjunſti , pro religionis ordine,
ſtatuto tempore ab Ecclesiæ commu-
nione ſuſpendantur, ne in ſacris locis
turpi concubitu miſceantur. De qua
re decernimus ut parentibus aut, pro-
priis dominis, prout ratio poſcit perſo-
narum, acceptâ fide excuſati ſub ſepa-
rationis promiſſione reddantur ; poſt-
modum tamen parentibus atque do-
minis libertate conceſsâ . ſi eos vo-
luerint propriâ voluntate conjungere.
Ce Canon n'a été fait qu'à l'occaſion du Mariage des eſclaves ,
mais les raiſons qui ont obligé les
Peres de ce Concile d'ordonner
que le conſentement des maîtres
étoit neceſſaire pour leur validité , étant plus fortes pour la
neceſſité du conſentement des parens, afin que les Mariages de leurs
enfans ſoient legitimes , ils ont
fait une Loi générale pour les uns
& les autres, *prout ratio poſcit per-*
ſonarum. Ces paroles (*nec talis*
con-

conjunƐtio à Clericis defenfetur) ne
fignifient pas que ces Mariages
étoient feulement illicites. Il n'eſt
point vrai-femblable qu'il y eût
des Ecclefiaftiques qui pretendif-
fent excufer de péché les enfans
de famille, & les efclaves, qui vouloient fe marier fans le confentement de leurs parens, & de leurs
maîtres. Ce qui eſt fur la fin du
Canon ne laiſſe aucun fondement
de douter du fentiment des Evêques de ce Concile fur la nullité de
ces Mariages ; ils commandent
aux enfans de famille, & aux efclaves, de fe feparer, & leur permettent feulement de fe marier
aprés, ſi leurs parens ou leurs maîtres y confentent. *Sub feparationis
promiſſione reddantur, poſtmodum tamen parentibus atque dominis libertate conceſſa, ſi eos voluerint propriâ
voluntate conjungere.*

Dans les fiecles fuivans la difcipline de nôtre Eglife fut encore
plus fevere. Il arrivoit fouvent

que les parens d'une fille qui avoit
été subornée, consentoient qu'elle
épousast son ravisseur, afin d'éviter en quelque maniere l'infamie
qu'une fille qui se laisse corrom-
pre, attire sur toute sa famille.
Pour empécher tous les desordres
que ces Mariages causoient, l'E-
glise & l'Etat ne les reconnoissoient point pour legitimes, quoique les parens y eussent consenti.
Le Chap. 96. du livre 6. des Capitulaires de nos Rois, explique fort
clairement la conduite de l'Eglise & de l'Etat sur ces Mariages,
& à quelle peine on condamnoit
le ravisseur, & même la fille, lorsque le rapt s'étoit fait de son consentement. *a Si quis alterius sponsam, virginem aut viduam necdum
desponsatam rapuerit, vel furatus
fuerit, placuit ut sive eam postea
sponsaverit, sive dotaverit, seu non,
sive cum parentum ejus voluntate,
quocumque commento ipsam accipere,*

Tom. I. Capitul. pag. 938.

vel tenere potuerit, nunquam illam
uxorem habeat, sed raptori aut furi
auferatur, & proximis suis alio viro
tempore congruo (si ipsa hoc malum
non consenserit) nuptura legibusque
acceptura reddatur. Raptor verò sive
fur, omnesque eis consentientes, publicâ pœnitentiâ juxta canonicam au-
thoritatem mulctentur, & proximis
illius quidquid injustè in tam nefando
scelere egerunt, in triplo componant,
& unamquamque rem semotim legibus in triplo restituant. Ipsa namque
quæ rapitur, si aut primò, aut postmodùm, tam nefario sceleri libens consenserit, nunquam postea nubat, sed
publicâ pœnitentiâ mulctetur, & sub
tali custodia ponatur ut ei nullatenus luxuriari cum quoquam liceat;
taliter enim memorata flagitia pu-
niantur, ut omnes cognoscant quòniam
nec sæculi leges tam nefandis conjunctionibus consentiant, nec Sacri Canones consilium ullum præbeant; sed
tales sæculi leges, cooperatoresque
eorum capite ferri præcipiunt, & Sa-

cri Canones spiritu Dei conditi, non solùm raptores, sed etiam omnes eorum cooperatores, eisque consentientes anathemate feriunt. On peut faire plusieurs observations sur ce chap. qui regardent la discipline Ecclesiastique, & l'administration civile de ce temps-là. Par exemple, la continence perpetuelle commandée pour punition. La penitence publique ordonnée par les Loix de l'Eglise, & plusieurs autres. Mais pour ce qui fait à nôtre sujet, il faut y remarquer, premiérement, que le ravisseur ne pouvoit épouser la fille qu'il avoit subornée, quoi que les parens consentissent à ce Mariage. C'est ce qui est ordonné par ces paroles : *Sive cum parentum ejus voluntate, quocumque commento ipsam accipere vel tenere potuerit, nunquam illam habeat uxorem.*

2. Suivant les Loix Civiles, non seulement les principaux Autheurs du rapt de subornation,

mais auſſi les complices & leurs
fauteurs étoient punis de la peine
capitale. *Sed tales, ſæculi leges,
cooperatoreſque eorum, capite feriri
præcipiunt.*

3. Lorſque le rapt avoit été
fait du conſentement de la fille,
on l'enfermoit, on la mettoit en
penitence publique, & on l'obligeoit à garder la continence pendant toute ſa vie. On lui impo-
ſoit la même peine, quoi que dans
le commencement elle euſt reſi-
ſté au raviſſeur, ſi elle avoit donné ſon conſentement peu de tems
aprés. C'eſt le ſens de ces paroles, *Ipſa namque quæ rapitur, ſi
aut primò, aut poſtmodum, tam nefario ſceleri libens conſenſerit, numquam
poſtea nubat, ſed publicâ pœnitentiâ
mulctetur, & ſub cuſtodia ponatur,
ut ei nullatenus luxuriari cum quoquam liceat.*

Il y a encore une loi dans le
ſeptieme livre des mêmes capitulaires, chap. 395. qui n'eſt pas

moins expresse contre le rapt de
subornation, que celle que je viens
de raporter. Le Legislateur y repete deux fois, que celui qui a
ravi une fille, ne peut pas l'époufer. Il dit en termes exprés, que
s'il l'a épousée, le Mariage est nul,
quand même les parens de la fille
y auroient consenti. Il comprend
également le rapt de violence &
celui de seduction, & condamne
tous les Mariages qui n'ont pas
été faits suivant les Loix de l'E-
glise & de l'Etat. Voici les termes de la Loi. *Placuit ut hi qui
rapiunt fœminas , vel furantur, aut
seducunt , ut eas nullatenus habeant
uxores , quamvis eis postmodum conveniat , aut eas dotaverint , vel nu-
ptialiter cum consensu parentum suorum acceperint. Si quis autem uxorem habere voluerit , canonicè & legaliter eam accipiat, & non rapiat.
Qui verò eam rapuerit , vel furatus
fuerit , aut seduxerit , nunquam eam*

*uxorem habeat , sed propinquis suis
eam legalibus reddat , & in triplo
plenum bannum dominicum componat,
& insuper canonicè publicam pœnitentiam gerat , ad quod omnes una
voce clamaverunt , dicentes : Ista omnes firmiter tenere volumus, & in perpetuum ab omnibus conservari optamus.*

Peut-on expliquer plus clairement la nullité du Mariage d'un
ravisseur avec la fille qu'il a ravie.
Le rapt de seduction y est compris
comme celui de violence, *qui rapiunt fœminas , vel furantur aut seducunt.* Le consentement unani-
me de tous les Ordres du Rojau-
me , nous apprend, combien les
Fideles étoient convaincus de l'é-
quité & de la necessité de cette
Loi. Ils ne la consideroient pas
comme un reglement fait pour un
tems , & dans des circonstances
qui ne sont pas ordinaires ; ils
étoient persuadez qu'elle devoit
être observée dans tous les siecles

à venir. *Et in perpetuum ab omnibus conservari optamus.* Les Ordonnances de nos Rois qui declarent nuls les Mariages des enfans de famille faits sans le consentement de leurs parens, ne contiennent rien qui ne soit conforme à ce sage Decret.

Un Concile de Meaux tenu en 845. voulut changer cette discipline; il permit aux ravisseurs aprés qu'ils auroient fait penitence, d'époufer les filles qu'ils avoient ravies. Mais ce Decret ne fut pas reçû; il n'est point dans les 19. Canons de ce Concile, qui ont été confirmez par le Roy Charles le Chauve. Herard Archevêque de Tours, & Isaac Evêque de Langres, ne l'ont pas mis dans les recueils de Canons, qu'ils firent peu de temps aprés pour l'ufage de leurs Dioceses.

Ces Decrets capitulaires ne sont pas seulement de Loix civiles, le

___
Can. 65. tom. 7. Concil. pag. 1839.

con-

confentement des Evêques qui di-
foient avec les autres corps de
l'Etat : *Ifta omnes firmiter tenere volumus , & in perpetuum ab omnibus
confervari optamus ,* juftifie aflés
avec quel empreflement l'Eglife
fouhaitoit qu'elles fuflent obfer-
vées , nous avons beaucoup d'autres preuves qu'elle en a fait des
Canons. Ifaac Evêque de Langres, les a mis dans fa collection;
le premier eft raporté dans le ch.
quatorziéme du titre onziéme , &
le 2. dans le chapitre huictié-
me du cinquiéme titre. Il explique dans la préface , quelle authorité ils avoient dans l'Eglife,
il dit qu'ils ont été approuvéz de
deux Conciles, aufquels Boniface
Archevêque de Cologne, a affifté
en qualité de Legat du Pape Za-
charie ; que ce Pape les a confirmez depuis , & qu'il a comman-
dé à tous les Fidéles de les obferver. *Ego Ifaac indignus Lingo-*

Tom. 1. Capitul. pag. 1234.

L

nensis Episcopus, propter quorumdam minùs adquiescentium desidiam & querulam contra pastoralem sollicitudinem improborum insolentiam, qui omnia quæ ad emerdationem vel ad suam cautelam dicuntur, à nobis ficta, & excogitata, garriunt, & inventa; utile duximus quædam saluberrimarum capitula sanctionum, quæ sanctæ Romanæ & Apostolicæ Ecclesiæ Legatus venerabilis Bonifacius Mogunciacensis Archiepiscopus vice Zachariæ Papæ, unà cum orthodoxo Carlomanno Francorum Principe, in duobus Episcoporum Consiliis ad honorem & profectum Ecclesiæ Dei conscripsit, quæque etiam idem Papa Zacharias sub anno Incarnationis Dominicæ 742. auctoritate Apostolicà confirmavit, & omnibus Ecclesiæ Dei Fidelibus irrefragabiliter observanda constituit, revolvere & ad meam meorumque utilitatem quædam ex his quæ in quæstionem sæpissimè veniunt colligere & in unum corpusculum congregare, quatenùs si nostra calumniaverint, vel sinistrâ interpretatione labefactare tentaverint, Apostolicâ pariter & Regali auctoritate compressi, de cætero conticescant, & salutiferis curationibus vel inviti, cum causa exegerit adquiescant. Cette approbation de l'Eglise est la raison qui a fait appeller la collection de cette Evêque, *Isaac Episcopi Lingonensis Canones,* quoi qu'elle ne soit qu'une compilation des 5. 6. & 7. livres des Capitulaires qu'il a reduits sous des titres differens, suivant l'ordre qu'il s'est proposé dans son recueil. *Composuit,* dit l'Autheur de la Chronique de saint Benigne de Dijon, *& librum qui dicitur Canones Isaac, eò quòd ex libris Canonum utiliora quæque eligendo, in unum volumen coarctaverit.*

Vers ce tems-là, Herard Archevêque de Tours recüeillit en abregé les Loix Ecclesiastiques qu'il croioit les plus nécessaires. Son chap. 110. est le 395. du li-

Tom. 1. Capitul. pag. 1293.

L ij

vre septiéme des Capitulaires que je viens de raporter, qu'il a abregé en ces termes. *Qui rapiunt fœminas, furantur, vel seducunt, licèt ipsis & parentibus conveniat, eas uxores non habeant.* Tous les autres Canons de cette collation sont autant de chapitres des Capitulaires, qu'il raporte comme des Loix de l'Eglise les plus importantes, & que tous les Prêtres ne doivent point ignorer. *Ego Herardus immeritò Turonensium Pontifex anno Incarnat. Dominicæ 858. ordinationis quoque nostræ 3. instinctu ut credimus miserationis supernæ per paucula, eaque admodum necessaria sacrarum admonitionum collecta capitula, Sacerdotum totius nobis creditæ paræciæ generali in urbe sedis nostræ coadunata 17. Kalend. Junii Synodo publicè recitari, & ut ad omnium præsentium notitiam & intelligentiam*

Tom. 8. Concil. pag. 635.
Tom. 8. Concil. pag. 627.
Tom. 1. Capitul. pag. 1284.

pervenire valerent , coram cunctis perlegi fecimus & revolvi. Et quoniam auctoritas sacra Canonum nulli Sacerdotum Canones ignorare permittit ; ne quemquam in reliquo nobis commiſſorum hujus ordinis expertem noverimus Canonum , decrevimus , pariterque injunximus excepta per noſtri laboris ſtudium hæc modica ſuccinctaque capitula unumquemque habere in poſterum.

L'Autheur de la chronique de Vandôme parle de la collection de cet Archevêque comme d'un recueil qui ne contenoit que les Canons les plus néceſſaires. *Anno 858. Dominus Herardus Turonenſium Archiepiſcopus, Generali Synodo in Turonica Civitate habitâ, quædam neceſſaria ſanctorum Canonum capitula excerpſit, quæ firmiùs cuſtodienda ſanxit 17. Kalend. Junii* On ne trouve pas seulement ces Loix contre le rapt de ſubornation dans les anciens collecteurs. Ceux qui ont recüeilli les Loix de l'E-

glife dans les siécles suivans, les
raportent aussi, quoi que de leurs
temps elles ne fussent pas observées fort exactement. *a* Burchard,
b Yves de Chartres, & *c* Gratien
citent le 395. chap. du livre 7. des
Capitul. comme un Canon du
Concile d'Aix la Chapelle. Gratien aprés avoir fait ses remarques sur un Canon du Concile
de Meaux, il conclud : *Non ergo
hac authoritate raptor probatur in
conjugium raptam posse accipere, potiùs invenitur in Concilio apud Aquif-
granum, quod nec etiam voluntate
parentum, adinvicem possunt copulari ; sic enim in præfato Concilio legi-
tur : placuit ut hi qui rapiunt fœminas, vel furantur, aut seducunt,
&c.*

On pouroit confirmer ce sentiment de l'Eglise sur l'authorité
des Capitulaires, par les Decrets

a *Burchard. l. 9. c. 33.*
b *Yves de Chartres part. 8. c. 117.*
c *Gratian. cauf. 36. q. 2. c. 11.*

de plusieurs Conciles qui ordonnent à tous les Fidéles de les observer exactement. Un Concile
tenu à Fimes, dans l'Eglise de
sainte Macre en 881. celui de Ra-
vennes tenu en 904. auquel le Pape Jean IX. a presidé, & beaucoup
d'autres y sont exprés.

On peut ajoûter tous les Conciles, dont les Canons ont été pris
des Capitulaires, comme ceux de
Mayence en 888. de Cologne tenu sous le regne de l'Empereur
Charles III. de Trosli dans le Diocese de Soissons, de Tribur dans
celui de Mayence, & plusieurs
autres.

Nous aprenons d'une lettre faussement attribuée au Pape Evariste, *a* que c'étoit une discipline
universellement reçüe, lorsque
cette lettre a été supposée, de rejetter comme un concubinage,

____

a *Epist.* 1. *Evaristi Papæ ad omnes Episc. African.*
c. 2.
Tom. 1. *Concil. pag.* 334.

L. iiij

les Mariages des enfans de famille faits sans le consentement de
leurs parens. L'Autheur de cette
lettre fait dire à ce Pape, qu'il
avoit reçeu cette doctrine des
Apôtres, & des Peres qui leur
ont succedé, & que ces Mariages doivent être considerés comme des adulteres, ou des fornica-
tions, quoy qu'ils ayent été faits
du consentement des contra-
ctans.

Similiter custoditum & traditum
habemus, ut uxor legitimè viro con-
jungatur, aliter enim legitimum
(ut à Patribus accepimus, & à san-
ctis Apostolis, eorumque successoribus
traditum invenimus) non fit conju-
gium, nisi ab ipsis qui super ipsam
fœminam dominationem videntur ha-
bere, & à quibus custoditur, uxor
petatur, & à parentibus propinquio-
ribus sponsetur, & legibus dotetur,
& suo tempore sacerdotaliter, ut mos
est, cum precibus & oblationibus, à
paranymphis, ut consuetudo docet,

custodita & consociata , à proximis tempore congruo petita, legibus dotetur, & solemniter accipiatur, & biduo, vel triduo, orationibus vacent, & castitatem custodiant , ut bonæ soboles generentur, & Domino in actibus suis placeant ; taliter enim & Domino placebunt, & filios non spurios, sed legitimos atque hæreditabiles generabunt. Quapropter, filii carissimi , & meritò illustres , fide Catholicâ suffragante, ita peracta legitima scitote esse connubia , aliter verò præsumpta , non conjugia , sed aut adulteria, aut contubernia , aut stupra , vel fornicationes potiùs quàm legitima conjugia esse non dubitate, etiamsi voluntas propria suffragata fuerit, & vota succurrerint legitima. On lit ordinairement, *nisi voluntas propria suffragata fuerit,* comme il y a dans Gratien cauf. 30. q. 5. mais il faut lire *etiamsi voluntas propria, &c.* le sens y est beaucoup plus parfait , & les anciens manuscrits y sont conformes.

Le Conte dans ses remarques sur l'Ordonnance d'Henri II. contre les Mariages clandestins, raporte cette lettre avec cette correction.

Il dit qu'il a suivi un ancien manuscrit qu'il avoit, *cujus quidem Decreti Evaristi, quia verba maximopere ad hanc disputationem pertinent, multò integriora & emendatiora quàm à Gratiano citentur, ex vetere Canonum & Conciliorum exemplari quod penes me est, deprómam & fidelissimè describam.*

Gratian étoit persuadé que cette lettre établit clairement la nullité des Mariages des enfans de famille faits sans le consentement de leurs parens, aprés avoir prouvé cet ancien usage par le temoignage de saint Leon, il ajoûte : *Cùm ergo dicitur, paterno arbitrio junctæ viris, datur intelligi quod paternus consensus desideratur in nuptiis, nec*

____

Anton. Contius ad Edict. Henr. II. de clandest. matrim. p. 662.

*fine eo legitimæ nuptiæ habeantur,
juxta illud Evaristi Papæ; non aliter
sit legitimum conjugium , nisi à parentibus tradatur. cauf. 32. quæst. 2.
c. 12.*

Quoi que cette lettre ne soit
point du Pape Evariste I. on ne
doit pas absolument la rejetter
comme une piece inutile. On
peut en tirer des éclaircissemens
sur la discipline qu'on observoit
dans l'Eglise , lorsqu'elle a commencé à paroître. Il n'est point
vrai-semblable que ceux qui ont
voulu la faire recevoir pour une
piéce ancienne, y eussent mis ce
qu'il y a sur la necessité du consentement des parens pour la validité du Mariage de leurs enfans,
si ce n'avoit pas été la doctrine de
ce temps-là , & si on n'avoit pas
été persuadé qu'elle étoit aussi
celle des siécles precedens. Ce
n'est point sur ce chapitre qu'ils
avoient dessein d'en imposer. Pour
insinuer plus facilement les nou-

veautés qu'ils vouloient intro-
duire dans l'administration de
l'Eglise, il étoit necessaire de les
accompagner des choses, dont
l'antiquité étoit constante.

Cette Decretale a été confirmée par les Capitulaires de nos
Rois, il y en a la plus grande partie dans le chap. 463. du 7. livre.
Il commence, *Decretum est ut uxor
legitimè viro conjungatur , aliter
enim legitimum, ut à patribus accepimus & à sanctis Apostolis , &c.* Et
continuë jusques à ces paroles,
Quapropter, filii carissimi. J'ai fait
voir qu'il ne faut pas considerer
les Capitulaires comme des Loix
civiles seulement, qu'ils ont été
d'une tres grande autorité dans
l'Eglise, & que plusieurs Conciles les ont aprouvés ; d'où l'on
peut conclure que ce que j'ay raporté de la lettre attribuée au Pape Evariste, est un Decret auto-
risé dans un grand nombre de
Conciles, & qui étoit la doctrine

de toutes les Eglises qui ont reçû ces Decretales, qu'on a fup-
polées fous les noms des Papes
des premiers fiécles, ou qui ont
approuvé les Capitulaires de nos
Souverains. Peu de temps avant
le Concile de Trente l'Eglife fou-
haittoit retablir cette difcipline,
nous l'aprenons du Concile de Cologne tenu en 1536. Les Peres de
ce Concile rendent ce temoignage, non feulement dans leurs
Decrets, mais afin que tout le
peuple s'y conformaft, étant in-
ftruit que c'eft l'Efprit de l'Eglife,
on en a mis un article exprés dans
le Catechifme qu'ils ont fait dref-
fer pour l'inftruction des Fideles.
Voici de quelle maniere ils en
parlent dans le chapitre 43. de la
7. partie du Concile, qui eft fur
l'adminiftration des Sacremens,
Optandum ut Canon Evarifti Pon-
tificis, Concilio Generali renovetur
tollanturque illa clandeftina matri-
Tom. 14. Concil. pag. 542.

monia, quæ invitis parentibus, ac propinquis, Veneris potiùs, quàm Dei causâ contrahuntur, &c.

L'Autheur de leur Catechisme s'est servi à peu prés des mêmes termes. Voici ce qu'il dit parlant de la lettre attribuée au Pape Evariste. *Hunc Canonem planè sanctissimum, cuperemus in Ecclesia Concilio Generali renovari, ob clandestina illa matrimonia tollenda, quæ nunc passim, non palàm, sed furtim, inter pueros & puellas, citra parentum consensum, per Lenones, & Lenas, copulantur, &c,*

On peut faire trois reflexions sur ce temoignage des Peres du Concile de Cologne,

1. Ils ont cru que ce Decret attribué au Pape Evariste, n'est pas une simple défense, mais qu'il declare nuls les Mariages qu'on feroit, qui n'y seroient pas conformes. Du tems de ce Concile,

Edit. Parif. an. 1554.
Fol. 188. fol. verf.

les Mariages clandeſtins, & ceux
des enfans de famille faits ſans
le conſentement de leurs parens,
étoient defendus; il n'eſtoit point
neceſſaire pour les defendre ſeulement, de ſouhaitter qu'un Concile General ordonnât l'execution de ce Decret. Ce qui ſuit
dans leur Canon, ne laiſſe aucun fondement de douter , que
c'eſt leur ſentiment. *interea verò*
donec Eccleſia de hoc proſpiciat , ſi
non irrita , prohibita ſaltem ſint , &
pænæ Canonicæ, hoc eſt , excommuni-
cationi , contrahentes , & qui his
ope aut conſilio adfuerint, ſubjaceant,
&c.

2. La principale raiſon qui
leur fait condamner les Mariages
clandeſtins des enfans de famille,
eſt parce qu'ils ſont faits ſans le
conſentement de leurs parens.
Les termes de leur Canon y ſont
exprés: mais quand ils le ſeroient
moins , le Decret attribué au Pape Evariſte , dont ils deman-

dent l'execution , l'explique clairement.

3. Le Concile de Trente a commencé neuf ans aprés celui de Cologne. Il n'y a pas d'apparence
que dans si peu de tems, l'etat de
l'Eglise ait changé jusques à ce
point, non seulement qu'elle n'a-
prouve pas ce que les Peres du
Concile de Cologne croioient
tres-utile, mais qu'elle prononce
Anathême contre ceux qui auroient conservé leur esprit.

CHAPITRE VII.

Le Mariage de Judith fille du Roi Charles le Chauve, avec le Comte Baudoüin, & celui de Loüis le Begue son frere, avec Ansgard, furent declarez nuls suivant les Loix que je viens de raporter sur la necessité du consentement des peres pour la validité du Mariage de leurs enfans.

APrés ce que j'ay raporté dans le chapitre precedent, c'est une chose qui doit être constante que l'Eglise comptoit le rapt de subornation entre les empêchemens dirimans. Elle consideroit les Loix Ecclesiastiques & Civiles qui l'ordonnoient, comme des regles tres-importantes, & dont l'observation étoit necessaire dans tous les temps & à tous les Fidéles. L'exemple du Mariage de Judith avec le Comte Baudoüin, fait voir qu'on n'en difpenfoit pas les enfans des Princes. Cette Princeffe étoit fille du Roi Charles le Chauve, & veuve d'un Roi d'Angletere, fon Mariage fut declaré nul dans une affemblée d'Evêques, & du confentement du Pape, parce que le Roi fon pere n'y avoit pas confenti. Ce n'étoit point un rapt de violence, le Comte Baudoüin l'avoit enlevée de fon confentement. Voici comme Flodoard raconte ce fait dans le troifiéme livre de fon Hiftoire de l'Eglife de Reims chap. 12. *De conjunctione Balduini Comitis & Judith indebitâ, quæ fcilicet Judith Caroli Regis filia, Edilnulpho Regi Anglorum, qui & Edelboldus, dudum fuerat in matrimonium copulata, & Reginæ decore ac benedictione infignita, poft cujus obitum venditis quas in Anglorum obtinuerat Regno poffeffionibus, ad patrem revertitur, quæ fub Regali tutelâ fic manere de-*

cernitur. Sed illa Balduinum Comitem, ipso lenocinante, & fratre suo Ludovico consentiente, secuta est. Unde Rex Carolus Episcopos ac cæteros Regni primores, consulens, post mundanæ legis judicium, canonicam in jam dictum Balduinum & Judith, secundùm edicta B. Gregorii, ab Episcopis depromi sententiam fecit. Les plaintes que le Roi Charles le Chauve en fait dans le chap. 5. du titre 35. de ses Capitulaires, sont conformes à la relation de cet Historien. *a Filiam nostram Judith viduam, secundùm leges divinas & humanas sub tuitione Ecclesiastica & Regio Mundeburde constitutam, Balduinus sibi furatus est in uxorem, quem post legale judicium, Episcopi regni nostri excommunicaverunt secundùm Sacros Canones & diffinitionem sancti Gregorii Papæ, qui dicit: si quis viduam furatus fuerit in uxorem, ipse & consentientes ei, Anathema sint. Quæ & verbis & litteris nos*

& Episcopi regni nostri, nepoti nostro Hlotario innotuimus, &c. Le mot, *furatus est in uxorem,* ne signifie point le rapt de violence. Le chap. 96. du livre 6. des Capitul. & le chap. 395. du livre 7. que je viens de raporter, ne confondent pas *furari virginem,* avec *virginem rapere.*

Ob. Quelques Autheurs des derniers siécles ont écrit qu'on n'a jamais douté de la validité du Mariage de Judith avec Baudoüin, quoi que le Roi son pere n'y eût pas consenti; que dans les jugemens rendus contre Baudoüin, il ne s'agissoit que de la peine qu'il meritoit suivant les Loix Ecclesiastiques & Civiles, & que le Pape Nicolas I. dans ses lettres au Roi Charles le Chauve, ne demandoit pas que ce Prince consentît à un Mariage futur, mais qu'il le prioit seulement d'aprouver celui qui avoit été fait, & de pardonner à Baudoüin le crime qu'il avoit commis en épousant sa fille sans son consentement.

Le troisiéme chap. de la réponse du Pape Nicolas I. aux Bulgares, semble confirmer qu'il a été dans ce sentiment. Aprés avoir expliqué à ces peuples, les solemnités ordinaires dans la celebration des Mariages, il dit, qu'on peut en obmettre quelques - unes même sans peché, & qu'il n'y a que le consentement de ceux qu'on veut marier, qui soit necessaire. *Peccatum autem esse si hæc cuncta in nuptiali fœdere non interveniant, non dicimus : sufficiat secundùm leges solus eorum consensus , de quorum conjunctionibus agitur.* Gratien raporte ces dernieres paroles cauf. 27. q. 2. c. sufficiat.

R. Ce que nous avons sur ce fait, du Pape Nicolas I. & d'Hincmar Archevêque de Reims , est fort opposé au sentiment de ces Ecrivains. Le Roi Charles le Chauve ayant apris que Baudoüin

avoit trouvé de la protection à
Rome, où il étoit allé aprés avoir
enlevé Judith, il en fit ses plaintes à Nicolas I. *a* Voici comme ce
Pape se justifie, & de quelle maniére il écrit au Roi sur ce qui
s'étoit passé. *Noverit dilectio vestra
Balduinum, unde nobis intimâstis,
qui natam vestram sibi furto in uxorem contra fas sociavit, quem ideò
venerandi Præsules Ecclesiam Domini in Regno vestro gubernantes, vinculis Anathematis obligarunt, ad
limina Apostolorum accessisse, & ut à
vinculis solveretur, atque per nos gratiam inveniret, Sedem adiisse Apostolicam. Nos autem non solùm eum
à vinculis minimè absolvimus, aut in
communione nostra recepimus, sed potiùs tàm præsumptiosam temeritatem
detestati sumus, atque vestri pectoris
naturalem affectum considerantes, do-
luimus, vestræque mœstitiæ partici-
pes effecti, vobisque compatimur.*

a *Nicol. I. ep. 30. ad Carol. Calvum Regem,
tom. 8. Concil. pag. 409.*

Verùm quoniam ad Divinà sese præsidia contulit, amatorumque vestrorum Petri ac Pauli Apostolorum Principum sibimet expetiit affore subsidia, non potuimus omittere, quominùs ut gratiam vestram perciperet, apud piam Excellentiam vestram interveniremus. Verùm vestram in omnibus præ oculis habentes dilectionem, quanquam sciamus & filiam vestram, si libet, posse vos ei legaliter in uxorem dimittere, & pietatis vestræ clementer gratiam impertiri, non tamen jussu misimus, sed preces obtulimus, &c. Ces paroles, *quamquam sciamus & filiam vestram, si libet, posse vos ei legaliter in uxorem dimittere,* signifient assés clairement que le Pape Nicolas I. étoit persuadé de l'invalidité du Mariage de Judith avec Baudoüin, & qu'il ne pouvoit pas être legitime sans le consentement du Roi son pere.

Le temoignage d'Hincmar Archevêque de Reims, y est encore plus exprés. C'est dans une lettre qu'il écrit au Pape Nicolas I. pour lui rendre compte de ce qu'il avoit fait par son ordre, afin d'obtenir du Roi Charles le Chauve qu'il consentît que Judith sa fille, épousât le Comte Baudoüin. Elle est dans Flodoard livre 3. de l'Histoire de l'Eglise de Reims, chap. 12. il ne sera pas inutile pour l'eclaircissement de ce fait, d'en raporter tout ce qui le regarde.

Balduinus quoque in proximo nunc decurso mense Octobrio, quinto kalendas Novembris, per duos homines suos mihi litteras auctoritatis vestræ direxit, in quibus continetur ut easdem litteras Coepiscopis Provinciæ nostræ legerem, & Judith paternis ac maternis obtutibus præsentandam susciperemus, si tamen intelligeremus quod confestim præfatus Excellentissimus Rex noster, quæ de illa vobis scriptis & verbis per legatos vestros Apostolatui vestro renuntianda spopondit adimplere vellet. Quod si eorum animos ad id protelandum esse inten-

intentos investigare possemus, nequaquam eam reciperemus; alioquin, id
est, si aliter egissemus, gratiâ & communione vestrâ frui nequaquam va-
leremus. Quam vestræ auctoritatis
epistolam, ut oportuit, reverenter
suscepi, & Coepiscopis nostris eam re-
legi, & pro præfata Judith apud patrem & matrem illius quantùm potuimus, ut mandâstis, communiter
intervenimus, & paternis ac maternis obtutibus eam præsentare studui-
mus. Post quæ voluimus (qui sic nobis secundùm sacras regulas, sicut eas
intelligimus visum fuerat, non enim
sine dignis pænitentiæ fructibus ab-
solvi posse putamus, quod Anathematis vinculo à sacris regulis inno-
datum videmus) ut juxta Ecclesia-
sticam traditionem priùs Ecclesiæ,
quam læserant, satisfacerent, & sic
demùm quod præcipiunt jura legum
mundalium exequi procurarent; sed
quoniam litteras vestras quæ inde nihil præceperunt, immò etiam nullam
protelationem in eorum conjunctione

fiendam significaverunt, sibi sufficere
voluerunt, & sine vestra auctoritate
ad quam clamaverant, cogi, nisi
alio se modo submitterent, non de-
buerunt ; ex altera epistola vestræ
Sanctitatis eis retuli quòd non leges
Ecclesiasticas dissolvistis, sed preces
pro eo misistis, qui puniri secundùm
leges mundanas poterat, quatenùs
locum pœnitendi haberet, qued contra leges divinas admiserat. Sic &
Salvator noster qui vult omnes homines salvos fieri, & neminem vult
perire, in Cruce apud Patrem jure Sacerdotis pro suis persecutoribus inter-
cessit. Quod in eis qui post Passionem
ejus crediderunt, & compuncti pœnitentiam egerunt, qui cum patre
omnia donat efficaciter impetravit,
Ad cujus instar, Apostolorum Vica-
rius, ad quorum limina confugerunt,
& Catholicæ atque Apostolicæ Ecclesiæ Summus Pontifex, quod in hominem Regem, & in leges mundi peccatum est, perdonari petistis : ut quod
in Regem cæli & terræ, & in leges

Cæleſtis Regni offenſum erat , habe-
rent inducias per pœnitentiam abo-
lendi. E contra carnales , & etiam
quidam eorum , qui antea conjunctioni hujuſmodi contradicebant , hac
defenſione , ut eis viſum fuerat , ſe
protegentes , ſed ſicut ſe habet veri-
tas , ſalute nudantes , ab iſtius noviſ-
ſima veſtræ epiſtolæ verbis recedere
noluerunt , quam ſine prolatione eorum conjunctionem debere fieri de-
monſtrare dicebant. Dicenti verò mihi , qui pro nulla poteſtate terrenæ
quod de Eccleſiaſticis regulis intelli-
geretur , dimittere deberem , maximè
cùm etiam mecum , immò cum Deo
Domnus Rex noſter filius veſter Carolus faceret , quaſi conſulendo mihi
quidam hoc dederunt conſilium , in
quo non meis , ſed verbis eorum utar,
quæ manſuetudo veſtra , velut exemplum & doctrix diſciplina Dei , mitis
& humilis corde ac patiens æquani-
miter ſuſtinebit , dicentium , ut quia
non ſæcularis ſed Eccleſiaſtica pietas
de hoc mihi negotio imperaret , con-

spirationem resistentium aliquantu-
lum declinarem, ne quisquam æmu-
lus noster vestræ Sanctitati suggere-
ret, quasi in contemptum sancti Apo-
stolatus vestri & Sedis Apostolicæ hoc
egissem, & vestra mansuetudinis
erga me animum commoveret, &
quamcumque excommunicationem,
sicut pro Rothado actum fuerat, quod
tamen ad me non pervenit, nisi
quantum Odo Episcopus, & postea
Luido detulit, antequam ad aucto-
ritatem vestram gestorum seriem inde
mittere valuissemus, vel quomodo
res gesta fuerit per legatos vestros
resciretis, obtineret, præsertim cum
in hac epistola vestra auctoritatis le-
gatur, quod si aliter egissemus quam
in ea scriptum est, gratia & commu-
nione vestra frui nequaquam vale-
remus. Quo contra mihi dicenti hoc
in epistola vestra ob id posuisse, ne
fœmina illa à nobis deciperetur, &
non ob hoc, ne Ecclesia satisfaceret.
Responderunt cur aliter vellem ve-
stram epistolam intelligere, quam

*vobis placuit eam componere, cum
de in præterito mihi transmissis ejus
sensum possim manifestè cognoscere.
Quapropter memor præteritarum epi-
stolarum mihi & Episcopis Regni filii vestri Domini Caroli à vobis mis-
sarum ; attendens etiam quæ in epistola nuper per Luidonem mihi beni-
gnitas vestra mandaverat (hæc enim
in Antisiodoro post adventum Luido-
nis ventilabantur) inter metum præteritarum & spem posterioris epistolæ
mihi mitiora monstrantis, contentio-
nem in hac causa dissimulando vi-
tavi ; & condescensionem quasi in
tempus aliud differendo dissimulavi:
expectans ut in causa hujus, quæ in-
stat dispositione vestra, ex Rothado
discere valeam qualiter de reliquo in
hujusmodi agere debeam. Sitque nihil nobis de Ecclesiastico ministerio
eis interdicentibus, sed tamen quod
valuimus nostram præsentiam ab hoc
negotio subducentibus, Balduinus &
Judith jura legum sacularium quæ ele-
gerunt exequi studuerunt : Domnus*

etiam noster Rex filius vester , huic dispensationi & conjunctioni interesse non voluit , sed missis publicæ rei ministris , sicut vobis promisit , secundùm leges sæculi eos uxoria conjunctione ad invicem copulari permisit , & honores Balduino pro vestra solummodo petitione donavit.

Il faut faire quelques observations fur cette lettre , afin d'en remarquer avec plus d'exactitude ce qui peut fervir à la refolution de nôtre queftion.

1. Le Pape Nicolas I. avoit écrit qu'on mariât Judith avec Baudoüin , auffi-tôt que le Roi fon pere y auroit confenti. *Immò etiam* (*litteræ vestræ*) *nullam protelationem in eorum conjunctione fiendam significaverunt.* Et un peu plus bas. *Ab iftius novissimæ vestræ epiftolæ verbis recedere noluerunt , quam fine protelatione eorum conjunctionem debere fieri demonftrare dicebant.* D'où il fuit évidemment que le Mariage qui avoit precedé , étoit nul.

2. Judith & Baudoüin fondez
fur la lettre du Pape, qui ordonnoit qu'on n'aportât aucun retar-
dement à leur Mariage , refuse-
rent de fe foûmettre à la penitence prefcrite par les Canons. Hincmar ne vouloit pas qu'ils fuffent
mariés avant qu'ils y euffent fa-
tisfait , pretendant que Nicolas I.
avoit intercedé pour Baudoüin ,
mais qu'il ne les avoit point dif-
penfés d'obeïr aux Loix de l'E-
glife. Il ne s'oppofa pas long tems
à leur deffein , apprehendant que
fa refiftance ne fervît de pre-
texte à fes ennemis pour le mettre mal dans l'efprit du Pape.

3. Le Roi Charles le Chauve
aiant permis à Judith fa fille d'é-
poufer Baudoüin fuivant les Loix
de fon Etat , on les maria; mais
le Roi ne voulut pas affifter à cette
ceremonie , *Domnus etiam nofter*
Rex, filius vefter, huic defponfatio-
ni & conjunctioni intereffe non vo-
luit, fed miffis publica rei miniftris

sicut vobis promisit , secundùm leges
saculi eos uxoriâ conjunctione ad in-
vicem copulari permisit.

4. Quelques Autheurs mo-
dernes disent sans fondement que
le Pape Nicolas I. leva l'excom-
munication que les Evêques de
France avoient fulminée contre
Baudoüin. *Ex altera epistola vestra*
Sanctitatis, eis retuli (dit Hincmar) *quòd non leges Ecclesiasticas*
dissolvistis, sed preces pro eo permi-
sistis. Le Pape écrivant au Roi
Charles le Chauve s'en explique
encore plus clairement. *Nos autem,*
dit-il , *non solùm eum à vinculis*
minimè absolvimus , aut in commu-
nione nostra recepimus, sed potiùs tam
præsumptiosam temeritatem detestati
sumus.

Aprés des temoignages si évi-
dens, on ne peut pas douter du
sentiment du Pape Nicolas I. sur
la nullité du Mariage de Judith
avec Baudoüin, fait sans le consentement du Roi son pere , & que

ce ne fût une doctrine constante,
qu'ils ne pouvoient pas être mariés, si le Roi ne vouloit y consentir ; que ce qui s'étoit passé
auparavant, n'étoit point un veritable Mariage, & qu'il étoit necessaire, après avoir obtenu la permission du Roi, de les marier avec
les solemnités ordinaires.

Ce qu'on aporte du chap. 3. de
la réponse aux Bulgares, ne prouve point que le Pape Nicolas I.
a cru que le consentement des parens n'est pas necessaire pour la
validité du Mariage de leurs enfans. Ces paroles (*Sufficiat secun-*
dùm leges solus eorum consensus de
quorum conjunctionibus agitur) peuvent souffrir plusieurs explications.
Le mot, *solus*, qui en fait la difficulté, ne signifie pas qu'il n'y a
point d'autres personnes dont le
consentement soit necessaire pour
la validité du Mariage, mais il
marque seulement que de la part
de ceux qui contractent, il n'y a

point d'autres choses necessaires
que leur consentement, signifiant
par-là que le Mariage est valide,
quoi qu'il ne soit pas consommé.
Cette interpretation est fondée
sur le chap. d'où l'on tire l'objection. Le Pape ne dit pas (*Suffi-*
ciat consensus eorum tantùm de quo-
rum conjunctione agitur.) Il dit,
Sufficiat solus eorum consensus, de quo-
rum conjunctione agitur. La parti-
cule exclusive dans la premiere
proposition signifieroit qu'il n'y a
point d'autres personnes dont le
consentement soit necessaire pour
la validité du Mariage; mais dans
la derniere, le mot, *solus*, signifie
seulement que de la part de ceux
qui contractent, il ne faut que
leur consentement afin que le Mariage subsiste.

Le témoignage de saint Jean
Chrysostome qui est aprés, confirme que cette interpretation est
le veritable sens de ce chap. &
que le Pape Nicolas I. par ces pa-

roles (*Sufficiat secundùm leges solus
eorum consensus de quorum conjunctionibus agitur.*) enseigne aux Bulgares, que la consommation du
Mariage n'est point necessaire, afin
qu'il soit valide. *Joanne Chrysosto-
mo magno Doctore testante, qui ait,
matrimonium non facit coïtus, sed
voluntas.*

Ob. Il y en a qui pretendent
que Judith étant Princesse du
Sang, son Mariage auroit été nul,
ayant été fait sans le consentement du Roi, quoi qu'elle n'eût
pas été sa fille. Ils disent que c'est
l'unique raison pourquoi on ne le
reconnoissoit pas pour legitime,
& que pour la condamnation de
Baudoüin, on n'a point consideré dans Charles le Chauve la qualité de pere, mais seulement celle
de Roi. Ils fondent leur sentiment sur ces paroles du Roi Charles le Chauve, *Filiam nostram Ju-*

Tit. 35. *des Capitul. de Charles le Chauve,*
chap. 5.

dith viduam, secundùm leges divi-
nas & mundanas sub ratione Eccle-
siastica & Regio Mundeburde consti-
tutam Balduinus sibi furatus est in
uxorem, Ils soûtiennent que ce
mot, (*Regio Mundeburde*) ne signifie pas autre chose que le pouvoir
du Roi de rendre nul le Mariage des Princes, auquel il n'a pas
consenti.

R. Je n'entreprens point d'examiner si le consentement des Souverains est necessaire pour la validité du Mariage des Grands de
leurs Etats, & principalement des
Princes de leur Sang ; je dirai seulement que de tous les empêchemens dirimans qui sont de droit
positif, il n'y en a aucun qui soit
fondé sur des raisons plus fortes
que celles qu'on peut aporter pour
celui-ci. Le repos de l'Etat, l'u-
nion des familles , & la sanctification des mariés, qui sont les raisons ordinaires qui ont porté nos

Tom. 2. Capitul. pag. 166.

Superieurs à faire des Loix sur les
Mariages , & à determiner certaines conditions necessaires pour
leur validité, en établissent l'utilité preferablement à tous les autres. Je ne parle pas seulement de
ces degrés de parenté & d'affinité
qui ont été supprimés par Innocent III. dans le quatriéme Concile de Latran , mais aussi des empêchemens dirimans qu'on observe aujourd'hui. Si un homme
épousoit sans dispense, sa cousine
au quatriéme degré , ce Mariage
seroit nul. Je ne pense pas qu'on
puisse pretendre que cette loi soit
autant necessaire pour le repos de
l'Etat & l'union des familles , que
le seroit celle qui defendroit aux
Princes du Sang , & même à tous
les Grands du Roiaume, de se marier sans le consentement de leur
Souverain. Il n'y a point de famille dont l'union ou la division puisse aporter plus de changement
dans un Etat, que celle que Dieu

a choisie pour le gouverner. Mais quand on n'auroit égard qu'à la sanctification des mariés, c'est assés pour établir la necessité du consentement du Roi pour la validité des Mariages qui peuvent être dangereux ou utiles à l'Etat. Il n'est pas concevable qu'un homme qui aime Dieu de tout son cœur, & son prochain comme soi-même, cherche sa sanctification dans une alliance qu'il prévoit être contraire au bien public. La presomption qu'il doit mettre en faveur de ses Superieurs, l'oblige de croire que toutes celles que le Prince desaprouve, peuvent avoir des suites fâcheuses.

Je conviens donc de l'equité des Loix, qui auroient ordonné sous le regne de Charles le Chauve, que le consentement du Roi seroit necessaire pour la validité du Mariage des Princes & Princesses, mais il ne paroît pas que ce soit la raison qui a fait declarer nul le Mariage de Judith avec Baudoüin.

Baudoüin fut condamné dans deux Aſſemblées. La premiere étoit compoſée des Evêques, & des autres Seigneurs du Royaume. Il n'y avoit que des Evêques dans la ſeconde. Il fut jugé dans la premiere ſuivant les Loix Civiles, & ſon Mariage avec Judith y fut declaré nul. Dans l'autre aſſemblée les Evêques l'excommuniérent conformement aux Canons 10. & 11. *a* du Concile tenu à Rome en 721. ſous le Pape Gregoire II. Flodoard décrivant cette Hiſtoire, ne diſtingue pas autrement ces deux jugemens. *Vnde Rex Carolus Epiſcopos ac cæteros regni primores conſulens, poſt mundanæ legis iudicium, canonicam in jam dictum Balduinum & Judith, ſecundùm edicta Beati Gregorii, ab Epiſcopis depromi ſententiam fecit.* Le Roi Charles le Chauve s'en ex-

____
a Tom. 6. Concil. pag. 1457.

plique à peu prés en mêmes termes dans le chap. 5. du titre 35.
de ses Capitul. *Quem (Balduinum)*
post legale judicium Episcopi Regni
nostri excommunicaverunt secundùm
Sacros Canones & diffinitionem san-
cti Gregorii Papæ, qui dicit: Si quis
viduam furatus fuerit in uxorem,
ipse & consentientes ei Anathema
sint. Il étoit necessaire pour la validité du Mariage de Judith avec
Baudoüin, *ut jura legum mundia-*
lium exequi procurarent, comme
écrit Hincmar dans une lettre au
Pape Nicolas I. Cet Autheur dans
la même lettre nous aprend qu'ils
firent tout ce que les Loix Civiles ordonnoient. *Balduinus & Ju-*
dith jura legum sæcularium quæ ele-
gerunt exequi studuerunt. Domi-
nus etiam noster Rex, filius ve-
ster, sicut vobis promisit, secundùm
leges sæculi eos uxoria conjunctione
adinvicem copulari permisit.

Il reste maintenant à examiner
quelles étoient ces Loix que le Roi
Charles

Charles le Chauve , le Pape Nicolas I. Hincmar Archevêque de Reims, & Flodoard appellent *Lex mundana, lex mundialis , lex sæculi,* suivant lesquelles Judith & Baudoüin furent jugés, & leur Mariage fut declaré nul. Il est constant 1. Que les Capitulaires faisoient le droit commun de ce temps - là. 2. Que c'étoit une maniere de parler fort en usage dans le neuviéme siecle , d'appeller les Capitulaires *Lex mundana, Lex sæculi.* Ansegise méme les y appelle deux fois dans la Préface qu'il a mise au commencement de la collection qu'il en a faite. 3. Nous avons les Loix suivant lesquelles le Mariage de Judith avec Baudoüin étoit nul, ayant été fait sans le consentement du Roi son pere , le ch. 95. du livre 6. des Capitul. & le 311. du livre 7. y sont exprés. S'il y en avoit qui ordonnoient que le consentement du Roi étoit necessairefaire pour la validité du Mariage des Princes, elles nous ſont inconnuës, & on ne peut aporter le temoignage d'aucun Autheur de ce tems-là pour le juſtifier. Il y a donc beaucoup plus d'apparence que le Pape Nicolas I. le Roi Charles le Chauve, Hincmar, & Flodoard, entendent les Capitulaires par la Loi qu'ils appellent *Lex mundana* *Lex mundialis*, *Lex ſæculi*, ſuivant laquelle Judith & Baudoüin ont été jugés, & que leur Mariage a été declaré nul à cauſe du rapt de ſubornation, conformement au chap. 95. du livre 6. des Capitul. & 311. du livre 7.

Je viens de remarquer qu'il y a eu deux jugemens rendus contre Baudoüin. Il eſt certain que l'aſſemblée d'Evêques où il fut excommunié, le condamna à cauſe du rapt d'une veuve. *Vnde Rex Carolus*, dit Flodoard, *Epiſcopos ac cæteros Regni primores conſulens, poſt mundanæ legis judicium, canonicam*

*in jam dictum Balduinum & Judith,
secundùm edicta Beati Gregorii, depromi sententiam fecit.* Et le Roi
Charles le Chauve dans le chap. 5.
du titre 35. de ses Capitul. *Quem
(Balduinum) post legale judicium,
Episcopi Regni nostri excommunicaverunt secundùm Sacros Canones &
definitionem sancti Gregorii Papæ
qui dicit : Si quis viduam furatus
fuerit in uxorem , ipse & consentientes ei Anathema sint.* Il est vrai-
semblable que les deux jugemens
sont fondés sur les mêmes raisons,
& que Baudoüin a été condamné
dans la premiere assemblée suivant
les Loix Civiles contre les ravisseurs, & dans la seconde suivant
les Loix Ecclesiastiques.

Le terme Gaulois *(sub Regio Mundeburde)* ne signifie point le pouvoir du Roi sur les Mariages des
Princes. Charles le Chauve remarque toutes les circonstances du
crime de Baudoüin qui peuvent
le rendre plus odieux ; il dit dans

ce chap. de ses Capitulaires, que
sa fille, que Baudoüin avoit ravie,
étoit veuve, & qu'elle étoit en
cette qualité sous la protection de
l'Eglise, & sauve-garde du Roi.
Filiam nostram Judith viduam, se-
cundùm leges divinas & mundanas
sub tuitione Ecclesiastica & Regio
Mundeburde, constitutam Balduinus
sibi furatus est in uxorem. C'est ce
ce que signifie le mot, *Regius Mun-*
deburdis. Il y a dans le titre 32. des
mêmes Capitul. *Et volunt ut Ec-*
clesiæ & casæ Dei, & Episcopi, &
Dei homines, Clerici, Monachi &
Nonnæ, talem mundeburdem & hono-
rem habeant, sicut tempore antecesso-
rum suorum habuerunt. Il est évident que dans ce chap. *Mundebur-*
dis signifie protection. Et dans le
titre 39. *Mundeburdem autem &*
defensionem sanctæ Romanæ Ecclesiæ
pariter conservabimus. Il est pris
dans le même sens dans les lettres
de protection, que le Roi Charles
le Chauve donna à l'Abbaye de

la Celle. *Quod Monasterium sub tuitione & Mundeburde ex longo tempore constat esse Comitis prædictæ Civitatis.* Et dans celle que ce même Prince accorda *a* en 884. à une Abbayë qui est dans le Diocese d'Urgel. Dans le 3. ch. du 4. Capitulaire que Charlemagne fit publier en 806. on se sert de ce mot pour signifier la protection que ces Rois donnoient aux veuves, *& orphani, & minus potentes sub Dei defensione & nôstro Mundeburde, pacem habeant, & eorum justitias acquirant.* Ansegise a mis ce chap. dans sa collection, il est le 257. du livre 6. *b* Marculfe dans le livre 1. de ses formules chap. 24. raporte celle dont on se servoit dans les lettres de protection que le Roi donnoit aux Evêques, Abbés & Monasteres, ce chap. est intitulé

a *Tom. 1. Capitul. in append. act. 1. & cap. 61. pag. 1446.*
b *Tom. 1. Capitul. pag. 450.*
Tom. 1. Capitul. pag. 964.

Charta de Mundeburde Regis & *Principis.* Elle est conçûë en ces termes. *Rectum est ut Regalis potestas illis tuitionem impertiat, quorum necessitas comprobatur propter malorum hominum inlicitas infestationes sub sermonem tuitionis nostræ visi fuimus recepisse, ut sub Mundeburde vel definitione illustri viri illius majoris domûs nostri, cum omnibus rebus præfatæ Ecclesiæ aut Monasterii quietus debeat residere, &c.* Ce mot est pris dans la même signification dans la 13. Formule de l'Appendix de Marculfe. Et dans la 38. & 103. de celles que Lindembrogius a données au public. Dans les lettres de protection que Loüis le Débonnaire en 821. accorda à l'Abbaye de saint Estienne de Bagniolle dans le Diocese de Girone, & dans celles de Carloman pour le

Tom. 2. cap. pag. 444.
Ibid. p. 521. & 541.
Ibid. in Append. act. vet. cap. 41. pag. 1424.
Ibid. cap. III. pag. 150.

Monastere de sainte Christine en 879. Les Conciles de ce tems-là se sont servis de la même maniere de parler, *Providendum est Divinæ Majestati,* disent les Peres du Concile de Meaux tenu en 845. can. 41. *ut Monasteria quæ ab hominibus Deum timentibus in sua proprietate constructa, prædecessores illi.. causâ defensionis & Mundeburdi susceperunt, ut liberà libertate, remotâ spe hæreditariâ de illorum propinquitate ibidem religio observaretur, &c.* Le mot *Mundeburdis,* se trouve dans beaucoup d'autres actes du 8. & 9. siecles, je ne pense pas qu'il soit necessaire de les raporter, en voilà assés pour justifier qu'il signifioit seulement ce que nous appellons aujourd'huy protection & sauvegarde, & que c'est sans aucun fondement qu'on a voulu en tirer une preuve du pouvoir des Rois sur les Mariages des Princes.

Le Mariage de Loüis le Begue

Tom. 7. Concil. pag. 183.

fils de Charles le Chauve , avec Ansgard, fut aussi declaré nul par-ce qu'il avoit été fait sans le con-sentement du Roi son pere. *a* Rheginon Abbé de Prom , qui vi-voit vers ce tems·là , n'en aporte point d'autre raison dans le second livre de son Histoire: *Habuit autem, dit·il, parlant de ce Prince, cùm adhuc juvenilis ætatis flore polleret , quandam puellam nobilem , nomine Ansgard , sibi conjugii fœdere copulatam , ex qua duos liberos suscepit elegantis formæ ac ingentis animi , virtute præstantes. Horum unus , Ludovicus ; alter , Carlomannus vocabatur. Sed quia hanc sine genitoris consensu , suis amplexibus sociaverat , ab ipso patre ei postmodum interdicta, & interposito jurisjurandi sacramento, ab ejus consortio in perpetuum separata. Tradita est autem eidem ab eodem patre Adelhæidis in matrimonium , quam gravidam ex se reliquit,*

a Rhegin. in Chron. l. 2. ad an. 878.

pariendi

Idem Rex cum obiret, quæ tempore pariendi expleto, enixa eſt puerum, nomen avi impoſuit, eumque Carolum vocitari fecit.

Aprés la diſſolution de ce Mariage, Loüis le Begue par l'ordre de ſon pere, épouſa Adelheide ou Alix, qui a été reconnuë dans l'Egliſe & dans l'Etat pour ſa femme legitime. Le Pape Nicolas I. auquel Charles le Chauve avoit grande confiance, n'a point condamné ce ſecond Mariage. Le Pape Jean VIII. & un Concile de Reims tenu en 893. ſuivant le Pere Labbe, en 892. ſuivant l'opinion commune, ont aſſez temoigné qu'ils condamnoient le premier. *a* Sigebert & les autres Autheurs qui en ont écrit aprés, parlent d'Alix mere de Charles le Simple, comme étant la femme legitime de Loüis le Begue. Ce qui prouve que

a Sigebert. in chron. ad an. 880.

P

dans les siécles suivans on étoit
persuadé de la nullité du Mariage , que ce Prince avoit fait
sans le consentement de son Pere,

CHAPITRE VIII.

On prouve par les Loix que les premiers Empereurs Chrétiens, & les Rois les plus religieux ont faites contre les Mariages des enfans de famille, que celles de nos Rois sont conformes à l'esprit de l'Eglise.

SECTION PREMIERE.

On aporte les Loix des premiers Empereurs Chrétiens contre le rapt de seduction : on explique les sentimens qu'ils ont pris avec la Religion de JE SUS-CHRIST, & l'on en fait voir la conformité avec nos usages.

CE que j'ay dit dans les deux Chapitres precedens, fait assez connoître qu'elle a été l'ancienne discipline de l'Eglise de France, sur le rapt de subornation ; & la conformité qu'il y a entre ces Loix anciennes, & les Ordonnances de nos Rois. Les Loix Romaines sur le même sujet, n'ont pas été moins severes. Je ne veux parler que de celles que les Empereurs Chrétiens ont fait observer, & ausquelles l'Eglise ne s'est pas opposée.

En 320. l'Empereur Constantin en fit publier une tres-severe. Il condamne au bannissement les parens qui ne temoigneront pas assez de douleur du rapt de leurs filles, & qui ne poursuivront point la punition des ravisseurs. Si les complices & les fauteurs de ce crime sont des personnes libres, il ordonne qu'on leur fasse boire du plomb fondu, sans distinction de sexe ; s'ils sont esclaves, il les condamne au feu. Cette Loi comprend le rapt de violence, & celui de seduction. Elle ordonne

que la fille subira la même peine
que le ravisseur , si le rapt a été
fait de son consentement. Mais
ce qui semble encore plus dur,
quoi que la fille n'y ait pas consenti, la loi ordonne qu'elle sera pri-
vée de toutes successions de ses
parens. Ce religieux Legislateur
en rend cette raison. Il y a toûjours, dit-il , de la faute de la
fille, qui est sortie imprudemment
de la maison de son pere, ou qui
n'a pas appelé les voisins à son secours , ou qui a negligé d'autres
moyens de se conserver. Voici la
Loi comme elle est raportée dans
le neuviéme livre du Code de
Theodose , tit. 24. *de raptu virgi-*
num vel viduarum.

Si quis nihil cum parentibus puel-
læ ante depectus invitam eam rapue-
rit , vel volentem abduxerit, patro-
cinium ex ejus responsione sperans
(quam propter vitium levitatis , &
fexûs mobilitatem atque confilii, à po-
ftulationibus & teftimoniis, omnibuf-

P iij

que rebus judiciariis antiqui penitùs arcuerunt) nihil ei secundùm jus vetus prosit puellæ responsio, sed ipsa puella potiùs societate criminis obligetur. Et quoniam parentum sæpe custodiæ nutricum fabulis, & pravis suasionibus deluduntur, his primùm quarum detestabile ministerium fuisse arguetur, redemptique discursus, pœna immineat, ut eis meatus oris & faucium qui nefaria hortamenta protulerit, liquentis plumbi ingestione claudatur; & si voluntatis adsensio detegitur in virgine, eadem qua raptor, severitate plectatur, cum neque his impunitas præstanda sit quæ rapiuntur invitæ, cùm & domi se usque ad conjunctionis diem servare potuerint, & si fores raptoris frangerentur audaciâ, vicinorum opem clamoribus quærere, seque omnibus tueri conatibus. Sed his pœnam leviorem imponimus, solamque eis parentum negari successionem præcipimus. Raptor autem indubitatè convictus, si appellare voluerit, minimè audiatur. Si quis verò servus raptûs facinus dis-

*fimulatione præteritum , aut pactione
tranfmiſſum , detulerit in publicum ,
latinitate donetur ; aut ſi Latinus ſit,
civis fiat Romanus. Parentibus quorum maximè vindiƈta intererat, ſi patientiam præbuerint , ac dolorem com-
preſſerint , deportatione pleƈtendis.
Particifes etiam & miniſtros raptoris citrà diſcretionem ſexûs eadem pæ-
na præcipimus ſubjugari. Et ſi quis
inter hæc miniſteria , ſervilis conditionis fuerit deprehenſus , citra ſexus diſcretionem concremari jubemus.* Afin
de conſerver la memoire de cette
Loi , a l'Empereur Theodoſe a
voulu qu'elle fût dans le Code
fait par ſon ordre , quoi que de
ſon tems on ne l'obſervât pas dans
toute ſa rigueur.

Vingt-neuf ans aprés , l'Empereur Conſtans fit publier une autre Loi contre les raviſſeurs, qui
paroît moins ſevere ; elle ordonne
qu'on les puniſſe de la peine capi-

a *Cod. Theodoſ. lib. 9. tit. 24. de raptu virginum
vel viduarum.*

tale , mais elle change le genre
de mort. Le motif de ce changement est à remarquer. Ce n'est
pas que cet Empereur voulût
être plus indulgent que son pere,
ni qu'il crût que le supplice étoit
trop rigoureux pour le crime; mais
parce qu'il arrivoit que quelques
Juges touchés de cette séverité ,
négligeoient de punir les coupables , il ordonna qu'on feroit
mourir les ravisseurs d'une maniére qui exciteroit moins la com-
passion de ceux qui devoient les
condamner , afin que la Loi fût
observée plus exactement,& qu'aucun criminel ne demeurât sans punition. *Quamvis legis prioris extet
auctoritas , quà inclitus pater noster
contra raptores atrocissimè jusserat
vindicari , tamen nos tantummodo ca-
pitalem pœnam constituimus , videli-
cet ne sub specie atrocioris judicii , aliqua in ulciscendo crimine dilatio na-
sceretur. In audaciam verò servilem
dispari supplicio mensura legum im-*

pendenda est, ut perurendi subjician-
tur ignibus, nisi à tanto facinore, sal-
tem pœnarum acerbitate revocentur.
Cette Loi est aussi dans le neuviéme livre du Code de Théodose, elle est la deuxiéme du titre vingt-quatriéme.

Suivant les Loix Romaines il y avoit plusieurs especes de peines capitales. Il est remarqué dans la Loi *Eum dig. lib.* 37. *tit.* 14. *l.* 10. que l'exil en étoit une. *Labeo exi-*
stimabat capitis accusationem eam esse,
cujas pœna mors aut exitium esset.
Il y a peu d'exemples où l'on n'entende pas la peine de mort, lors que les Loix ordonnent la peine capitale pour punition de quelque crime. Il est évident que c'est le sens de celle-ci.

Il est vrai que sous le regne de Julien l'Apostat on en usoit au-trement; & que cet impie sans avoir égard aux Loix des Empe-reurs Chrétiens qui l'avoient pré-cedé, ne condamnoit les ravisseurs qu'au bannissement. Ammien Marcellin en raporte un exemple un peu aprés le commencement du seiziéme livre de son Histoire. *Audito à parentibus virgines raptas, eum qui violàrat, convictum relegari decrevit. Hisque indigna pati quærentibus, quod non sit morte mulctatus, responderat, hactenus incusent jura clementiam, sed Imperatorem mitissimi animi legibus præstare cæteris docet.* Les plaintes des parens de la fille qui avoit été ravie, & la réponse de l'Empereur, supposent que suivant les Loix, le ravisseur devoit être condamné à la mort.

En 528. l'Empereur Justinien abrogea toutes les Loix de ces predecesseurs sur le rapt des vierges, veuves & Religieuses. Il en fit une qu'il voulut être la regle de tous les jugemens qu'on rendroit sur cette matiére, il ordonne qu'on fasse mourir non seule-

ment les principaux autheurs du
rapt , mais aussi tous les complices & les fauteurs, de quelque sexe
& condition qu'ils soient, & condamne au bannissement tous les
parens de la fille qui aura été ravie , s'ils ne sollicitent pas la punition du ravisseur & de ses complices. Il commande à tous les
Gouverneurs des Provinces, Pro-
consuls , & tous autres Juges, de
faire une recherche exacte de ces
criminels, de les punir sévérement
& de les condamner à la mort sans
appel. Justinien dans cette Loi
fait des grands avantages aux filles
qui ont été ravies ; il leur donne
tous les biens de leurs ravisseurs
& de leurs complices , & leur
laisse la liberté de se marier à qui
elles voudront suivant les Loix ,
& du consentement de leur parens , excepté à ceux qui les ont
ravies, qu'elles ne peuvent jamais
épouser. *Raptores virginum honesta-*
rum vel ingenuarum sive jam despon-

*satæ fuerint, sive non, vel quarum-
libet viduarum fœminarum, licet li-
bertinæ vel servæ alienæ sint, pessima
criminum peccantes, capitis supplicio
plectendos decernimus. Sin autem post
commissum tam detestabile crimen,
aut potentatu raptor se defendere,
aut fugâ evadere potuerit, in hac quidem Regiâ urbe tam viri excelsi præfecti prætorio, quam vir gloriosissi-
mus Præfectus urbi, in Provinciis autem viri eminentissimi Præfecti Prætorio per Illiricum & Africam, quam
Magistri militum per diversas nstri
Orbis Regiones, necnon vir spectabi-
lis Præfectus Ægypti, & Comes
Orientis, & Vicarii & Proconsules,
& nihilominùs omnes viri spectabiles
& Duces, & viri clarissimi Rectores
Provinciarum, necnon alii cujuslibet
Ordinis Judices, qui in illis locis in-
venti fuerint, simile studium cum ma-
gnâ sollicitudine adhibeant, ut eos
possint comprehendere, & comprehen-
sos in tali crimine, post legitimas &*

Lib. 9. Cod. tit. 13.

juri cognitas probationes, sine fori
præscriptione, durissimis pœnis affi-
ciant, & mortis condemnent supplicio, quibus etsi appellare voluerint,
nullam damus licentiam, secundùm
antiquæ Constantinianæ legis definitionem. Et siquidem ancillæ vel liber-
tinæ sint, quæ rapinam passæ sunt,
raptores tantummodo supradicta pœnâ
plectentur, substantiis eorum nullam
diminutionem passuris. Sin autem in
ingenuam personam tale facinus per-
petretur, etiam omnes res mobiles,
seu etiam immobiles, & se moven-
tes, tàm raptorum quàm eorum soda-
lium, comitum, vel sequentium, qui
eis auxilium præbuerint, ad domi-
nium raptarum mulierum liberarum
transferantur. Nec sit facultas raptæ
virgini vel viduæ vel cuilibet mulieri
raptorem suum sibi maritum exposcere,
sed cui parentes voluerint (excepto
raptore) cum legitimo copulent matrimonio, quoniam nullo modo nulloque
tempore datur à nostra serenitate licentia, eis consentire, qui hostili more

in nostra Republica matrimonio stu-
dent sibi conjungere, oportet etenim ut
quicumque uxorem ducere voluerit,
sive ingenuam sive libertinam, secundùm nostras leges & antiquam con-
suetudinem, parentes, vel alios quos
decet, petat, ut cum eorum voluntate
fiat legitimum conjugium. Pœnas autem quas prædiximus, id est mortis
& bonorum amissionis, non tantùm
adversus raptores, sed etiam contra
eos qui hos comitati in ipsa invasione
& rapina fuerint, constituimus. Cæteros autem omnes qui consilii & mi-
nistri hujusmodi criminis reperti & con-
victi fuerint, vel qui eos susceperint,
vel quicumque opem eis tulerint, sive
masculi sive fœminæ sint, cujuscum-
que conditionis vel gradûs, vel dignitatis, pœnæ tantummodo capitali
subjicimus, ut huic pœnæ omnes sub-
jaceant, sive volentibus, sive nolentibus virginibus vel aliis mulieribus,
tale facinus fuerit perpetratum, parentibus (quorum maximè vindicta intererat) si patientiam præbuerint, ac

dolorem remiferint., deportatione ple-
Etendis, &c,

L'Empereur Juftinien n'ordonne
pas comme une chofe nouvelle que
le confentement du pere eft neceffaire pour la validité du Mariage de
fes enfans, il dit que c'eft un ancien ufage. *Secundùm noftras leges*
& antiquam confuetudinem, parentes
vel alios quos decet, petat ut cum eo-
rum voluntate fiat legitimum conju-
gium. Les peines qu'il ordonne
font pour le rapt de feduction
comme pour celui de violence, *ut*
huic pœnæ omnes fubjaceant, five vo-
lentibus five nolentibus virginibus vel
aliis mulieribus tale facinus fuerit per-
petratum.

Il y en eut qui crurent du temps
de Juftinien que ces avantages
étoient pour toutes les filles qu'on
avoit ravies, quoi que le rapt eût
été fait de leur confenteme nt.
C'eft la raifon qui obligea cet
Empereur de faire la Novelle 143.
de muliere raptum pafsâ, pour ex-

pliquer quel est l'esprit de la Loi que je viens de raporter. Il dit en termes exprés que le Mariage du ravisseur avec la fille qu'il a ravie est nul, quoi que la fille y ait consenti. *Meminimus itaque pro raptu mulierum sive jam desponsatæ fuerint, vel maritis conjunctæ, sive non, vel etiam si viduæ sint, legem antea posuisse, & capitis subjecisse supplicio, non tantùm raptores, verum etiàm comites eorum, necnon alios qui eis auxilium tempore invasionis contulisse noscuntur. Illo quoque specialiter adjecto, ut nulla sit mulieri, vel virgini raptæ licentia raptoris eligere matrimonium, sed cùm parentes voluerint (excepto raptore) legitimo matrimonio copulari, nullo modo, nullo tempore licentia mulieri raptæ permissa, raptoris se conjungere matrinio, sed parentes etiam si tali consenserint matrimonio deportari præcipimus. Sed mirati sumus quod conati sunt aliqui dicere raptam mulierem, sive volentem, sive nolentem,*
etsi

*etsi raptoris matrimonium contra
nostræ constitutionis tenorem amplexa
est , debere tamen eam raptoris habere substantiam, vel quasi legis præ-
mium, vel ex testamento forté , si hoc
etiam factum esse contigerit. Qui
enim talia dicere præsumpserunt, hi
prædictæ legis seriem intelligere non
potuerunt , qui enim tale stare matrimonium etsi rapta voluerit, prohibui-
mus, & ob hoc parentes raptæ mulieris
deportationis subjecimus pœnæ si hujusmodi consenserint matrimonio, quomodo raptas mulieres , raptorum eligentes
connubium , præmiis honorassemus, &c.*

Ce n'est pas mon dessein de rechercher ici toutes les Loix qui
ont été faites sur le rapt; je veux
seulement faire quelques reflexions sur celles que je viens de raporter qui puissent nous faire connoître les sentimens que les premiers Empereurs Chrétiens ont
pris avec la religion, & ce qu'ils ont
crû necessaire pour faire observer
dans leurs Etats la morale Chré-

Q

tienne. Nous examinerons aprés,
si les Ordonnances de nos Rois
sur le rapt de subornation, entrent
dans cet esprit, ou si la doctrine
de ceux qui les condamnent, y
est plus conforme.

Les Payens ne punissoient presque
pas les ravisseurs, ils favorisoient
même souvent leurs desseins, qui
étoient ordinairement de parvenir
par cette voïe à des Mariages
avantageux. C'étoit une Loi parmi eux que le ravisseur épousât
la fille qu'il avoit ravie, & quoi
qu'il lui eût fait violence, si elle
le demandoit pour son mari, son
crime lui étoit pardonné. Constantin a abrogé entierement cet
usage, *nihil ei (raptori) secundùm jus*
vetus prosit puellæ responsio. Il veut
qu'on exile les parens de la personne ravie, qui n'en témoigne-
ront pas assés de douleur, & qui
ne poursuivront point la punition de ces criminels. *Parentibus*
quorum maximè vindicta intererat,

si patientiam præbuerint, ac dolorem compresserint, deportatione plectendis. Il ordonne qu'on condamne au feu les esclaves qui auroient quelque part à ce crime. *Si quis inter hæc ministeria servilis conditionis fuerit deprehensus, citra sexûs discretionem concremari jubemus.* Et qu'on fasse boire du plomb fondu aux personnes libres, qui en seront les complices ou les fauteurs, *ut eis meatus oris & faucium qui nefaria hortamenta protulerint, liquentis plumbi ingestione claudatur.* Il ne parle pas seulement du rapt de violence, il y comprend aussi celui de subornation, il veut même que la fille soit punie de la peine de son ravisseur, lors que le rapt a été fait de son consentement. *Si voluntatis adscensio detegitur in virgine, eâdem quâ raptor severitate plectatur.* Les successeurs de cet Empereur ont ordonné un genre de supplice moins rigoureux pour les ravisseurs & leurs complices

qui ne seroient pas esclaves, mais
la loi la moins severe les condamne à une peine capitale , ils n'y
ont même aporté quelque changement, que pour faire punir tous
les coupables, afin que la rigueur
du supplice ne fît point negliger
la recherche des criminels : c'est
la raison que donnent Constans, &
Justinien, pourquoi ils ont abrogé
cet article de la Loi de Constantin.

Il n'est pas vrai-semblable que
les Empereurs renonçans aux erreurs des Payens , eussent aussi-tôt
fait observer une si grande severité contre les ravisseurs , si la religion de Jesus-Christ ne leur
avoit inspiré ce changement , en
leur aprenant qu'il étoit de leur
devoir de reformer les abus in-
troduits & entretenus dans le pa-
ganisme , & qu'ils ne devoient
rien négliger de ce qui étoit necessaire pour la pureté des mœurs
de leurs sujets. Difficilement ils

auroient fait des Loix si opposées
aux anciens usages de leurs Etats,
s'ils n'y avoient été portés par des
motifs de religion, & cette reforme n'auroit pas duré long-
tems, si le Christianisme dont les
Empereurs faisoient profession ,
ne leur avoit conservé le même
esprit. Entre les premiers Empereurs Chrétiens il s'en est trouvé
un Apostat. Cet impie en aban-
donnant la religion de Jesus-
Christ, en perdit aussi l'esprit,
il negligea de faire observer les
Loix des Empereurs Chrétiens ses
predecesseurs, & voulut faire re-
naître les usages des Payens. Les
Empereurs qui lui ont succedé fai-
sans profession du Christianisme ,
en rétablirent aussi-tôt la discipline , & ordonnerent qu'on pu-
niroit les ravisseurs de la peine de
mort. Pour peu qu'on fasse de
reflexion sur cette conduite , on
fera obligé de convenir de l'équité des Ordonnances de nos Sou-

verains fur le rapt de fubornation,
& que les Rois qui les ont faites
& les font obferver, font dans les
mêmes fentimens que la religion
de JESUS-CHRIST a infpiré
aux premiers Empereurs Chrétiens. Ceux qui les condamnent
favorifent le relâchement ou l'a-
veuglement des Païens les rete-
noit, & que les Souverains ont
réformé auffi - tôt qu'ils ont été
inftruits des maximes du Chriftia-
nifme.

Ob. On ne peut point répondre que ces Loix étoient bonnes
pour les temps où elles ont été
faites, mais que les circonftances
qui ont obligé de les faire obferver, étant changées, on ne doit
pas en tirer un argument pour authorifer celles d'aujourd'hui.

R. Les raifons qui ont determiné les premiers Empereurs
Chrétiens à condamner le Mariage d'une fille avec fon ravif-
feur, quoique le rapt eût été fait

du confentement de la fille, font
le repos de l'Etat, l'union des familles, & la fanctification des mariés. Ils ont confideré que ces
Mariages caufoient ordinairement
de grands troubles dans l'Etat, &
toûjours des divifions dans les familles, qui duroient fouvent autant que les perfonnes, & qui ne
finiffoient prefque jamais par une
reconciliation fincere. Ils fça-
voient que les debauches font l'o-
rigine de ces Mariages, & qu'une
tres mauvaife education des enfans, & la divifion continuelle
entre le mari & la femme en font
les fuites ordinaires. Toutes ces
raifons fubfiftent aujourd'hui comme dans les fiecles paffés, & par
confequent fi les Loix des premiers Empereurs Chrétiens contre ces Mariages, ont été fage-
ment établies, il eft de la prudence de nos Souverains de les
faire obferver dans leurs Etats,
pendant que la mauvaife difpo-

sition de leurs sujets ne les obli-
gera pas d'user de dispensation
envers eux, & de tolerer des desordres qu'on peut difficilement
reformer dans des conjonctures
fâcheuses, sans s'exposer à en causer de plus grands.

Lors que les Loix sont justes,
les peines qu'elles ordonnent sont
proportionnées aux crimes qu'elles
défendent. C'est encore une raison qui nous aprend ce que les
premiers Empereurs Chrétiens ont
pensé du rapt de subornation. Ils
ont établi plusieurs autres empêchemens dirimans, mais ils n'ont
ordonné pour aucun des peines
plus rigoureuses que pour celui-ci;
ils ont donc crû qu'il étoit un de
ceux dont l'observation étoit plus
necessaire pour le repos de l'Etat,
l'union des familles & la sanctification des mariés. Si les Ordonnances de nos Rois ne retenoient
les peuples dans leur devoir, le
rapt causeroit aujourd'hui des
desordres

desordres aussi grands que ceux
qui seroient arrivés du regne de
ces Empereurs, & qu'ils ont voulu empêcher par la severité de
leurs Loix. Il est donc autant necessaire presentement, de ne reconnoître point ces Mariages pour
legitimes, & de punir severement
les ravisseurs, & leurs complices,
qu'il l'étoit lors que les Souverains
ont commencé à faire profession
publique de la religion de Jesus-
Christ. Peut-on penser que l'E-
glise, qui deteste ces Mariages, &
qui les a toûjours défendus, qui
en declare d'autres nuls pour des
causes qui sont beaucoup moins
importantes que le rapt de subornation, par exemple, pour parenté au 4. degré entre les mariés,
dise Anathême aux Souverains
qui font observer ces Loix dans
leurs Etats, étant animés du même zéle qui les a fait faire aux premiers Empereurs Chrétiens.

Il y a beaucoup d'autres Loix

des premiers Empereurs Chrétiens
contre les Mariages des enfans
de famille faits sans le consentement de leurs parens. Le titre 4.
de nuptiis du 5. livre du Code de
Justinien, en est plein ; c'est le sens
de la Loi, *Nec filium*, qui est la 12.
de ce titre. *Nec filium quidem fa-*
milias invitum , ad uxorem ducen-
dam cogi legum disciplina permittit,
igitur sicut desideras , observatis juris
præceptis, saciare conjugio tuo , quam
volueris, non impedieris , ita tamen ut
contrahendis nuptiis, patris tui consen-
sus accedat. La Loi *In conjunctione,*
ordonne la même chose , elle est
la 20. du même titre. *In conjun-*
ctione filiarum in sacris positarum,
patris expectetur arbitrium ; sed si sui
juris puella sit intra quintum, & vi-
cesimum annum constituta, ipsius quo-
que assensus exploretur.

Le consentement du pere n'é-
toit pas necessaire seulement pour
la validité des premieres nôces de
ses filles ; la Loi, *viduæ,* que l'Em-

pereur Valentinien fit publier en
371. prouve évidemment que les
secondes noces étoient nulles, s'il
n'y consentoit pas. *a Viduæ intra 25.*
annum degentes, etiamsi emancipa-
tionis libertate gaudent, tamen in se-
cundas nuptias sine patris sententia
non conveniant.

Je ne veux point entrer dans
la contestation des Jurisconsultes,
si cette Loi n'a été faite que pour
les veuves qui étoient d'une famille de Senateurs, ou de Nobles,
comme le pretend J. Godefroy
dans ses remarques sur le Code
de Théodose, *lib. 3. tit. 7. l. 1.* qui
est celle-ci, ou si elle regarde
toutes les veuves. Qu'on lui donne plus ou moins d'étenduë, elle
fait toûjours pour nôtre sujet.

a *Cod. Justin. lib. 5. tit. 4. de nuptiis l. 18.*

SECTION II.

Les Loix que je viens de raporter ne sont pas des simples défenses qui tolerent les Mariages qu'elles condamnent. On explique une sentence du Jurisconsulte Paul, & une ancienne formule, qui semblent établir le contraire.

Quelques Autheurs des derniers siécles ont écrit que ces Loix étoient imparfaites ; qu'elles défendent seulement aux enfans de famille de se marier sans le consentement de leurs parens; & qu'elles n'ordonnent point la peine de nullité contre ceux qui n'y satisferont pas. On peut aporter pour ce sentiment un temoignage que l'on dit être du Jurisconsulte Paul, & qui est dans le livre 2. de ses sentences tit. 19. *Eorum qui in potestate patris sunt , sine voluntate ejus matrimonia jure non contrahuntur, sed contracta non solvuntur; contemplatio enim publicæ utilitatis, privatorum commodis præfertur.* La 16. formule entre celles que M^r. Bignon nous a donnée sous ce titre : *Formulæ veteres secundùm legem Romanam,* semble confirmer ce qu'on raporte de ce Jurisconsulte, il paroît même par la conformité qui s'y trouve, que le commencement en a été tiré. *Viventibus patribus inter filios sine voluntate eorum matrimonia non legitimè copulantur, sed conjuncta non solvuntur.*

Les Loix Ecclesiastiques & Civiles qui ont été faites depuis l'onziéme siecle, ont donné quelque fondement à cette explication ; on s'est imaginé que les usages & les manieres de parler de tous les temps ont été semblables, & souvent les Autheurs fondés sur ce faux principe, ont voulu trouver dans tous les siécles, une discipline conforme à celle de leur temps. Les sentimens des Jurisconsultes recueillis par l'ordre de Justinien, & qui composent le Digeste authorisé par cet Empereur, sont une preuve convainquante que ces Ecrivains se sont trompés. Leurs témoignages qui font à nôtre sujet, sont dans le livre 23. du Digeste, tit. 2. *de ritu nuptiarum.* Ce qui y est raporté du Jurisconsulte Paul, est tres different du sentiment qu'on lui attribüe dans l'objection. *a Nuptiæ*, dit-il, *consistere non possunt, nisi consentiant omnes qui coëunt, quorumque in potestate sunt.* J'expliquerai dans la suite la difficulté qu'on propose tirée du livre second des sentences de cet Autheur. *b* Ulpien dans le même titre, dit, *Si nepos uxorem velit ducere avo furente, omnimodo patris auctoritas erit necessaria, sed si pater furit, avus sapiat, sufficit*

____

a Dig. lib. 23. tit. 2. l. 2.
b L. 9.

avi voluntas. a Le Jurisconsulte
Julien, *Si filius ejus qui apud hostes
est, vel absit, ante triennium capti-
vitatis, vel absentiæ patris, uxorem
duxit, vel si filia nupserit, puto re-
cte matrimonium, vel nuptias contrahi, dummodò eam filius ducat uxorem, vel filia tali nubat, cujus conditionem certum sit patrem non repu-
diaturum.* b Et Papinien dans le même lieu, *filius familias miles matrimonium sine patris voluntate non con-
trahit.* S'il y avoit quelque difficulté sur la maniere d'expliquer
les Loix qui defendent aux enfans
de famille de se marier sans le
consentement de leur pere, il n'en
reste plus aprés le temoignage de
ce Jurisconsulte. *Nuptiæ consistere
non possunt.* On ne peut pas expri-
mer plus clairement la nullité d'un
Mariage. Et que veut-on de plus
exprés que ces paroles d'Ulpien,
omni modo patris auctoritas erit ne-

a *L.* 11.
b *L.* 35.

R iiij

ceſſaria, pour ſignifier que le conſentement du pere eſt neceſſaire pour la validité du Mariage de ſon fils.

L'Empereur Juſtinien ne s'en explique pas moins clairement dans le livre 1. de ſes Inſtitutions chapitre 10. *de nuptiis. Juſtas autem nuptias inter ſe cives Romani contrahunt, qui ſecundùm præcepta legum coëunt ; maſculi quidem puberes, fœminæ autem viripotentes ; ſive patresfamilias ſint, ſive filii familias ; dum tamen, ſi filii familias ſint, conſenſum habeant parentum quorum in poteſtate ſunt. Nam hoc fieri debere, & civilis & naturalis ratio ſuadet, in tantum ut juſſum parentis præcedere debeat.* On étoit ſi perſuadé que le Mariage d'un fils de famille étoit nul s'il avoit été fait ſans le conſentement de ſon pere, qu'on doutoit ſi le fils d'un homme qui avoit perdu la raiſon, par exemple, d'un furieux, pouvoit ſe marier. C'eſt Juſtinien qui nous l'aprend dans le même lieu. *a Unde quæsitum est, an furiosi filius uxorem ducere possit? Cumque super filio variebatur, nostra processit decisio, quâ permissum est ad exemplum filiæ furiosi, posse & sine patris interventu, matrimonium sibi copulare secundùm datum ex nostra constitutione modum.* Sur la fin de ce chapitre § *si adversùs ea*, voici comme il condamne les Mariages qu'on feroit contre les reglemens qui y sont contenus, dont celui que je viens de raporter est le premier. *Si adversus ea quæ diximus aliqui coierint, nec vir, nec uxor, nec nuptiæ, nec matrimonium, nec dos intelligitur. Itaque ii qui ex eo coitu nascuntur, in potestate patris non sunt, sed tales sunt (quantum ad patriam potestatem pertinet) quales sunt ii quos mater vulgò concepit. Nam nec hi patrem habere intelligun-tur, quum is etiam pater incertus est,*

---

a Il propose la même question dans la Loi : *Si furiosi, Cod. lib. 5. tit. 4. de nuptiis. l. 25.*

*unde solent spurii appellari , vel
à græca voce , quasi σποράδην, vel
quasi sine patre filii, &c.*

On peut ajoûter l'explication
que plusieurs grands Jurisconsultes donnent aux Loix anciennes ,
qui ordonnent des conditions pour
les contracts , & qui défendent
d'en faire autrement. Ils soûtiennent que *vetita conjugia , & nulla,*
sont la même chose , & que la
seule défense rend tout contract
nul, quoique la peine de nullité
ne soit pas exprimée. Ce sentiment ne manque pas de fondement dans le Droit; la loi, *nullum,
lib. 1. Cod. tit. 14. de legibus & con-
stitutionibus Principum & edictis,* en
est une grande preuve. *Nullum
enim pactum, nullam conventionem,
nullum contractum inter eos videri
volumus subsecutum, qui contrahunt,
lege contrahere prohibente. Quod ad
omnes etiam legum interpretationes
tàm veteres quàm novellas trahi ge-
neraliter imperamus , ut Legislatori*

*quod fieri non vult, tantùm prohi-
buisse sufficiat, cæteraque quasi ex-
pressa ex legis liceat voluntate colligere, hoc est, ut ea quæ lege fieri
prohibentur, si fuerint facta, non solùm inutilia, sed pro infectis etiam
habeantur, licet Legislator fieri pro-
hibuerit tantùm, nec specialiter dixerit inutile esse debere quod factum
est, illud quoque cassum atque inutile esse præcipimus.* Cette Loi est
générale pour tous les contracts;
elle comprend par conséquent,
celui du Mariage. La Loi, *qui contra, lib. 5. Cod. tit. 5. de incestis & in-
utilibus nuptiis*, est speciale pour
le contract de Mariage. *Qui contra legum præcepta, vel contra man-
data constitutionesque Principum,
nuptias fortè contraxerit, nihil ex
eodem matrimonio sive ante nuptias
donatum, sive deinceps quoquo modo
datum fuerit, consequatur ; idque
totum quod ab alterius liberalitate
in alterum processerit, ut indigno,
indignavè sublatum, fisco vindicari*

sancimus, exceptis tam fœminis quàm viris qui aut errore acerrimo non af-fectato, insimulatovè, neque ex vili causa decepti sunt, aut ætatis lubri-co lapsi. Quos tamen ita demùm le-gis nostra laqueis eximi placuit, si aut errore comperto, aut ubi ad legi-timos pervenerint annos, conjunctio-nem hujusmodi sine ulla procrastina-tione diremerint. Cette Loi est de l'Empereur Valentinien. On ne peut pas en expliquer les der-nieres paroles, sans supposer que les Mariages faits contre les Loix, étoient nuls.

Les Canonistes Grecs ont re-tenu cette maniere de parler. Bal-samon écrivant sur le Nomoca-non de Photius, confond souvent *vetita conjugia & nulla.* Matthieu Blastares Moine de l'Ordre de saint Basile, fait la même chose. Dans ses questions sur le Mariage, il divise les Mariages en incestueux & défendus. Aprés avoir expli-qué les degrés de parenté & d'affi-

nité qui peuvent rendre un Mariage nul, il fait un titre particulier des autres, *quæ prohibentur
citra cognationem.* Il y a plusieurs
semblables expressions dans la collection du Droit des Orientaux, que
Bonefidius a donné au public. On
en trouve aussi dans celle de Leunclavius, qu'il a intitulée *Jus Græco-
Romanum.*

Il faut maintenant répondre à
l'objection qu'on propose, qui est
prise du livre 2. des Sentences du
Jurisconsulte Paul, tit. 19. Ce
n'est pas une chose constante que
cette Sentence soit de l'Autheur
auquel on l'attribue; plusieurs sçavans Critiques sont persuadés
qu'elle est d'Alaric Roi des Gots,
ou d'Anianus, qui par son ordre
a fait quelques commentaires sur
les sentences de ce Jurisconsulte;
il y a changé beaucoup de choses,
& ses interpretations souvent sont
plus conformes aux usages que les
Gots observoient de son temps,

qu'au texte qu'il vouloit expliquer. C'est ce qui a fait dire à
a Sidonius Apollinaris décrivant
les désordres que Seronatus faisoit
dans l'Auvergne, *Leges Theodosia-
nas calcans, Theodoricianasque proponens.* Theodoric étoit le beau-
pere d'Alaric, & lui succeda.

Quoique M^r. Cujas ait aporté
un tres-grand soin pour distinguer
ce qui est du Jurisconsulte Paul
d'avec les additions d'Anianus,
il en reste toûjours quelque chose, & dans l'incertitude où l'on
est sur l'Autheur de ce qu'on tire
de cet ouvrage, la sentence dont
on fait une objection, ne peut
être qu'un tres-foible argument,
quand même elle seroit expresse
pour le sentiment contraire.

Mais supposons qu'elle soit du
Jurisconsulte Paul, on ne peut en
tirer aucun avantage. Il a pû entendre par ces paroles (*eorum qui
in potestate patris sunt, sine volun-*

tate ejus matrimonia, jure non con-
trahuntur, sed contracta non solvun-
tur) que les enfans qui ne sont
pas emancipés, ne peuvent point
se m rier, si leur pere n'y consent;
mais s'ils se sont mariés de son
consentement, le Mariage subsiste, quoique le pere change de
sentiment, & qu'il le désaprouve
aprés l'avoir authorisé. Les termes de la Sentence de ce Jurif-
consulte, souffrent aisément cette
interpretation. Nous n'avons rien
de cet Autheur, qui puisse nous
faire connoître qu'il n'a pas été
dans ce sentiment ; au contraire,
ce qu'on en raporte dans le 23,
livre du Digeste, titre 2, *de ritu*
nuptiarum , prouve évidemment
qu'il n'a point pensé autrement.

Il y a eu un temps où l'on donnoit un peu trop à l'authorité paternelle, les peres en abusoient
souvent ; c'est ce qui obligea les
Romains, qui avoient établi ces
usages parmi eux, de les reformer,

quoi qu'un pere eut consenti au
Mariage de sa fille, qu'il l'eût même mariée par son authorité, il la
reprenoit quelque tems aprés, pour
peu de sujet qu'il pretendît avoir
de n'être pas content de son gen-
dre. C'est la plainte qu'une fille
fait chés le Poëte Ennius.

Injuriâ abs te afficior indignâ pater ;
Nam si improbum esse Chtesiphontem
  existimaveras
Cur me huic locabas nuptiis ? sin est
  probus ,
Cur talem invitum invitam cogis
  linquere ?

C'est aussi ce que Nonnius fait
dire à Afranius.

O indignum facinus adolescentis
  optimas
Bene convenientes , concordes cum
  viris ,
Repentè viduas faciat spurcitia
  patris.

On

On lit dans Plaute qu'un pere vouloit separer ses filles d'avec leur maris, & que la raison qu'il en avoit, c'est qu'il pretendoit qu'ils avoient été un peu trop de temps absens de leur maison.

Aut olim nisi tibi placebant non datas
   oportuit :

Aut nunc non æquum est abduci, pater,
   illisce

      Absentibus , &c.

C'est apparemment de ces Mariages, dont il faut entendre ce qu'on propose du Jurisconsulte Paul. La raison qu'il aporte pourquoi, *contracta non solvuntur,* en est une forte conjecture. *Contemplatio enim,* dit-il, *publicæ utilitatis, privatorum commodis præfertur.* Il est necessaire pour le bien public, que les Mariages des enfans de famille faits sans le consentement de leur pere, subsistent, mais on ne peut pas dire la même chose de ceux que les enfans emportés par la débauche, font contre la volonté de leurs parens.   S

Quand il ſeroit vrai que le Juriſconſulte Paul auroit aprouvé lo ſentiment qu'on lui attribuë dans l'objection, cela ne fait rien pour la conteſtation preſente. Cet Autheur a vécu ſur la fin du ſecond ſiécle, & au commencement du 3. Il écrivoit ſous le regne de l'Empereur Anton. Caracalla. On pouroit en conclure ſeulement, que quelques Empereurs Païens ont authoriſé les Mariages des enfans de famille faits ſans le conſentement de leurs parens, & que c'étoit un uſage reçû du tems de ce Juriſconſulte. Les preuves que j'ay aporteés font voir que ſi on l'a obſervé, les Empereurs Chrétiens l'ont abrogé. Le gouvernement des Païens n'eſt pas toûjours un modéle, qu'on doive propoſer aux Princes Chrétiens, principalement dans les choſes qui ont liaiſon avec la diſcipline de l'Egliſe. On peut faire les mêmes reflexions ſur ce changement, que j'ay faites sur celui qui est arrivé pour le châtiment des ravisseurs. Il confirmeroit que les Loix de nos Souverains sur ce sujet, sont conformes à l'esprit que la religion de Jesus - Christ a inspiré aux premiers Empereurs, qui ont fait profession du Christianisme.

Il est vrai que l'Empereur Justinien a donné authorité aux sentimens du Jurisconsulte Paul, & que ses témoignages font une partie du Digeste; mais il n'a pas authorisé celui qu'on lui attribue. Ce qu'il en raporte dans le livre 23. du Digeste, tit. 2. *de ritu nuptiarum*, fait voir qu'il a crû que ce Jurisconsulte étoit dans un sentiment contraire. *Nuptiæ consistere non possunt, nisi consentiant omnes qui coëunt, quorumque in potestate sunt.*

La 16. formule entre celles que Monsieur Bignon nous a données sous ce titre, (*Formulæ veteres secundùm legem Romanam*) est

la même que celle qui eſt la 16.
du 2. livre de Marculfe , & que
celle qui eſt la 83. dans l'edition
de Lindembrogius. Ces paroles
(*viventibus patribus inter filios fa-*
milias , ſine voluntate eorum matri-
monia non legitimè copulantur, ſed
conjuncta non ſolvuntur) ne ſont
point dans Marculfe ; ce qui peut
donner occaſion de croire que
quelqu'un y a ajoûté cette gloſe
d'Anianus ſur les ſentences du
Juriſconſulte Paul. L'edition de
Lindembrogius me ſemble plus
correcte en cela , que les deux
autres ; elle commence: *Viventibus*
patribus inter filios ſine voluntate
eorum , matrimonia non legitimè co-
pulantur ; mais ces paroles, *ſed con-*
juncta non ſolvuntur, n'y ſont pas.
La ſuite de la formule ſuppoſe le
commencement. Il s'y agit d'un
homme qui a enlevé une fille , &
qui l'a épouſée ſans le conſentement de ſes parens. Suivant les
Loix il meritoit la mort , mais

aprés avoir obtenu fa grace en
confideration des Prêtres , ou de
quelques autres perfonnes de piété , il s'accommode avec les parens de la fille ; c'eft pourquoi il
appelle cette formule *Epiftola com-*
pofitionalis , ils confentent au Mariage,à condition qu'il lui faffe les
avantages dont ils conviennent.
Ces paroles : *Viventibus patribus*
inter filios familias ,fine voluntate
eorum , matrimonia non legitima
*copulantur,*font la raifon pourquoi
celui qui a époufé une fille fans le
confentement de fes parens , eft
coupable du crime de rapt. Ces
mots (*fed contracta non folvuntur*)
n'y font pas neceffaires pour y trouver un fens parfait. Voici la formule.

Viventibus patribus inter filios fa-
milias fine voluntate eorum , matri-
monia non legitimè copulantur, fed
contracta non folvuntur. Idcirco ego
in Dei nomine, ille , dulciffima con-
jux mea, illa, dum te & fine vo-

luntate parentum tuorum, rapto scelere in meo sociavi conjugio ; unde vitæ periculum incurrere debui, sed intervenientibus Sacerdotibus, vel bonis hominibus, vitam obtinui. Ideò placuit mihi, ut per hanc Epistolam compositionalem, aut si convenit, cessionem, aliquid de rebus meis confirmare deberem, quod ita & feci, hoc est, &c.

Il est certain que suivant les Loix qu'on observoit du temps que ces formules étoient en usage, les ravisseurs étoient punis de peines capitales ; il n'en faut point d'autres preuves que la formule dont on prend l'objection. *Unde vitæ periculum incurrere debui. Sed intervenientibus Sacerdotibus vel bonis hominibus vitam obtinui.* Cette peine n'étoit pas seulement pour le rapt de violence, elle étoit aussi pour celui de seduction, & la fille qui avoit consenti à son ravissement, étoit condamnée au même supplice, cela est clair dans

la 32. formule du même recüeil
(elle eſt la 81. de l'édition de Lindembrogius) *notitia, ſub quorum præ-*
ſentia, ubi veniens, ille, ante illum
vel eos qui ſubter tenentur inſerti,
ibique accuſabat aliquem hominem,
nomine illum, eò quod aliquam fœ-
minam, nomine, illam, jam anno
expleto, ſine diffinitione parentum,
vel ſine ejus clamore, aut vocifera-
tione, eam volentem rapuiſſet, atque
in conjugio ſibi malo ordine, contra
legem & juſtitiam ſociaſſet, qui jam
dictus, ille, & præfata, illa, hoc
denegare non potuerunt, ſed in om-
nibus taliter fuerunt profeſſi, quod
ambo pariter conſentientes, ſic apud
eoſdem actum vel perpetratum fue-
rat. Tunc ipſi viri qui ibidem ade-
rant, tale dederunt judicium, ut
ſecundùm legem Romanam, pro hac
culpa ambo pariter vitæ periculum
incurriſſent, vel ſententiam mortis
ob hoc ſcelus excepiſſent. Sed inter-
venientibus bonis hominibus, taliter
eis convenit, ut iam dicti homines

pro redemptione vitæ eorum, varios suos jam dicto, illi unusquisque pro solidis tantis dare deberent, quod ita, & fecerunt, &c. Il n'est point vraisemblable que les Legislateurs qui ont ordonné des peines si rigoureuses contre les ravisseurs, & les filles subornées, ayent reconnu ces Mariages pour legitimes. Ils n'auroient pas puni le rapt de la peine capitale, s'ils n'avoient été persuadés qu'il est fort contraire au repos de l'Etat, à l'union des familles, & à la sanctification des mariés. Ce sont les raisons qui déterminent l'Eglise & les Souverains à ordonner que certaines conditions seront necessaires pour la validité des Mariages.

SECTION

SECTION III.

Suivant les Loix Romaines les enfans de famille qui n'étoient pas eman-cipez, ne pouvoient se marier sans le consentement de leur pere, quoi qu'ils eussent plus de vingt-cinq ans. La discipline de l'Eglise y étoit conforme.

LEs Ordonnances de nos Rois determinent un âge où l'on reconnoît les Mariages des enfans de famille pour legitimes, quoi qu'ils ayent été faits sans le con-sentement de leurs parens; elles donnent des bornes à la dureté des peres, sans abandonner les en-fans à leur foible raison, pendant qu'elle n'est pas ordinairement assez formée pour se conduire prudemment, dans des affaires autant importantes que l'est le Mariage. Les Loix anciennes des

T

Romains *a* étoient beaucoup plus
dures ; elles laiſſoient à la prudence des parens, le pouvoir de
retenir leurs enfans ſous leur puiſſance autant qu'ils le vouloient ,
& pendant que les enfans n'étoient
pas emancipez , ils ne pouvoient
ſe marier ſans le conſentement de
leur pere. Cet uſage étoit dur
pour les enfans qui apartenoient
à des parens peu raiſonables. L'E-
gliſe ne s'y eſt pas oppoſée, il n'y
a point d'exemples qu'elle ait approuvé des Mariages faits contre
ces Loix, pendant qu'elles ont été
obſervées dans l'Etat. Les temoignages de Tertullien & de ſaint
Baſile que je raporterai dans la
ſuite, prouvent évidemment que
la diſcipline de l'Egliſe ſur ce
point , comme ſur les autres, étoit
conforme à l'adminiſtration civile,
l'Egliſe & l'Etat conſideroient

a Inſtitut. lib. I. *cap.* 12. §. *Et quidem, Digeſt.*
lib. I. *tit.* 7. *l.* 31. *non poteſt,* & *lib.* 35. *tit,*
I. *l.* 92.

que les inconveniens qui peuvent
ariver de la dureté de quelques
peres à l'égard de leurs enfans, ne
font pas confiderables en compa-
raifon des defordres que les enfans
de famille cauferoient, fi on leur
laifloit la liberté de fe marier fans
le confentement de leur parens ;
afin d'éviter plus fûrement ces derniers , ils toleroient les autres ,
pendant que l'injuftice des peres
n'étoit pas fi évidente qu'on ne
puft en douter, en ce cas les enfans pouvoient fe pourvoir pardevant le Prefident de la Province,
a qui ayant égard à leur état, obligeoit leur pere de leur rendre ju-
ftice. C'eft le fens de la Loi *qui
liberos*, & ce n'eft pas en prendre
l'efprit, que de pretendre comme
font quelques Jurifconfultes mo-
dernes , que les Loix Romaines,
qui defendent aux enfans de famille qui ne font pas emancipez,

a *Digeft. lib. 23. tit. 2. de ritu nuptiarum ,
l. 19.*

de se marier sans le consentement
de leurs parens , n'ont été faites
que pour ceux qui n'avoint pas
25. ans.

La loi, *qui liberos*, sur laquelle
ces Jurisconsultes sont fondez,
est tirée du 16. livre des institutions du Jurisconsulte Marcian ,
qui vivoit sous le regne de l'Empereur Alexandre Severe , un peu
aprés le commencement du troisiéme siécle. L'interpretation qu'ils
lui donnent , ne paroît pas conforme à l'authorité que les Loix
des Romains donnoient aux peres
sur leurs enfans, qui étoit encore
tres-grande en ce temps-là. Les
Jurisconsultes Paul , Ulpian , Papinian , & quelques autres , dont
j'ai raporté les temoignages, écri-
voient peu de tems auparavant;
leurs manieres de parler ne favori-
sent pas ce sentiment ; ils disent
tous que les enfans qui ne sont
point emancipez , ne peuvent se
marier sans le consentement de

leur pere, *Nuptiæ consistere non possunt*, dit le Jurisconsulte Paul, *nisi
consentiant omnes qui coëunt, quorumque in potestate sunt.* On ne
peut donner un autre sens à ces
paroles, sans leur faire violence.
Les temoignages d'Ulpian & de
Papinian, que je viens de raporter, n'y sont pas moins exprés. Il
est inutile de les repeter. Le *a* Jurisconsulte Modestinus qui vivoit
en même temps que Marcian ,
remarque comme une regle du
droit qu'on observoit de son tems,
que c'est une chose particuliere
aux enfans emancipez, de pouvoir se marier sans le consentement de leur pere, *Filius emanci-
patus , etiam sine consensu patris,
uxorem ducere potest, & susceptus
filius ei hæres erit.* Le mot, *etiam
sine consensu patris* , exprime clairement qu'on n'auroit point reconnu pour legitime le Mariage
d'un fils qui n'étoit pas emancipé,

a *Digest. lib. 23 tit. 2. de ritu nubt. l. 25.*

T iij

si son pere n'y avoit point consenti.
L'Empereur Justinien dans le 10.
chapitre du premier livre de ses
Institutions , dit aussi generalement , que le consentement du
pere est necessaire afin que le Mariage de son fils,qui n'est pas émancipé , soit legitime, *dum tamen si*
filii familias sint, consensum habeant
parentum , quorum in potestate sunt.
Il n'est pas vrai-semblable que tant
de personnes differentes expliquant ce qui est necessaire pour la
validité du Mariage des enfans de
famille , disent sans restriction ,
que s'ils ne sont pas emancipez,
il faut que leur pere y consente ,
si ce consentement n'avoit été necessaire que pour ceux qui n'a-
voient pas encore vingt-cinq ans,
& qu'il n'y ait pas une Loi,ni un
ancien Jurisconsulte , qui determine le sens & l'etenduë qu'il faut
donner à ces manieres de parler
generales.

Les temoignages des perés qui

ont vécû dans les premiers fiécles, font conformes à ceux des
anciens Jurifconfultes ; ils nous
apprenent que l'Eglife ne reconnoiſſoit point pour des Mariages
legitimes, ceux que les enfans qui
n'étoient pas emancipez, faifoient
contre la volonté de leurs parens.
Nec in terris, dit Tertullien dans
le dernier chapitre de fon fecond
livre *ad uxorem; filii fine confenfu pa-*
trum rite & jure nubent. a Tertullien ne parle pas feulement de
ce que la bienfeance, & l'honné-
teté font faire aux enfans de famille, il dit, que les Loix l'ordonnent, *nec in terris rite & jure nubent.*
Son deſſein, & la maniere de s'expliquer en termes generaux, fans
marquer un temps determiné, font
aſſés connoître qu'il parle de tous
les enfans de famille, pendant
qu'ils font en la puiſſance, de
leur pere. Tertullien vivoit en

a *Tertul. lib. 2. ad uxorem. cap ult.*

même temps que le Jurisconsulte Marcian.

Saint Basile explique encore plus clairement que c'étoit la discipline du quatriéme siécle, c'est dans le 42. Canon de sa lettre, & Amphilochius, *quæ sine iis qui habent potestatem fiunt matrimonia, sunt fornicationes. Nec ergo vivente patre, nec Domino ii qui conveniunt sunt ab accusatione liberi, donec conjugio Domini annuerint, tunc enim accipit firmitatem conjugium.* Ce sçavant Evêque ne reconnoît point d'âge, où les enfans qui ne sont point emancipez puissent se marier sans le consentement de leur pere *quæ sine iis qui habent potestatem fiunt matrimonia, sunt fornicationes.* Il est constant, que suivant les Loix Romaines, tous les enfans demeuroient en la puissance de leurs parens pendant qu'ils n'étoient pas emancipez, & qu'il dependoit de la volonté des peres d'emanciper leur enfans plûtôt ou

plus tard, les Loix ne determi-
noient point un temps où ils fuffent obligés de le faire.

Les paroles qui fuivent (*nec ergo vivente patre, nec Domini, ii qui conveniunt funt ab accufatione liberi, donec conjugio Domini annuerint*) ne laiffent aucun fondement de douter que les enfans pendant qu'ils étoient en la puiffance de leur pere, ne pouvoient fe marier fans fon confentement. Cette obligation ne finiffoit que par la mort du pere, *nec ergo vivente patre.*

ΤΟΥ ΕΝ ΑΝΙΟΥ ΠΑΤΡΟΣ

ἡμῶν βασιλείου ἀρχιεπισκόπου
Καισαρείας Καππαδοκίας,
πρὸς Ἀμφιλόχιον ἐπίσκοπον
Ἰκονίου, ἐπιστολὴ κανονική.

ΚΑΝΩΝ μβ'.

Οἱ ἄνευ τῶν κρατούντων γάμοι, πορνεῖαί εἰσιν. οὔτε οὖν πατρὸς ζῶντος οὔτε δεσπότου, οἱ συνιόντες ἄνευ θεινοί εἰσιν, ἕως ἂν ἐπινεύσωσιν οἱ κύριοι τὴν συνοίκησιν. τότε γὰρ λαμβάνει τὸ τοῦ γάμου βέβαιον.

Il est constant que le Mariage d'un esclave quelque âge qu'il eust, étoit nul si son maître n'y avoit pas consenti, je le prouverai évidemment dans le chap. suivant. Saint Basile ne reconnoît point de difference entre le Mariage qu'un enfant de famille qui n'est pas emancipé, fait contre la volonté de son pere, & celui d'un esclave sans le consentement de son maître; cela est clair dans ce Canon. La raison qu'il aporte dans le Canon 40. de la même lettre, pourquoi le Mariage d'un esclave qui n'a pas été fait du consentement de son maître, est un concubinage, confirme que c'est son sentiment. Elle ne condamne pas moins le Mariage d'un enfant de famille qui n'est point emancipé, s'il a été fait contre la volonté de son pere, que celui qu'un esclave feroit contre la volonté de son maître puisqu'on ne peut nier qu'un enfant de famille qui n'est pas emancipé, ne soit en la puissance de son pere.

CANON XL.

Quæ præter domini senten-
tiam se viro tradidit, fornicata
est : quæ autem posteà libero
matrimonio usa est, nupsit. Quare illud quidem fornicatio, hoc
verò matrimonium. Eorum enim
qui sunt in alterius potestate,
pacta conventa firmi nihil habent.

ΚΑΝΩΝ μ΄.

Η παρὰ γνώμην τῦ δισπότυ ἀνδρὶ ἑαυτὴν ἐκδῦσα, ἐπόρνευσεν. ἡ
δ' μετ' ταῦτα πεπαρρησιασμένῳ γά-
μῳ. χρησαμένη, ἐγήματο. ὥστε ἐκεῖνο μὲν πορνεία, τῦτο δὲ γάμος. αἱ γὰ
συνθῆκαι τῶν ἀπεξυσίων, ὐδὲν
ἔχουσι βέβαιον.

La Loi , *qui liberos* , n'établit point un usage contraire. Afin d'en prendre l'esprit , il faut remarquer que la tendresse ordinaire aux peres, avoit persuadé les anciens Legislateurs Romains , qu'on ne pouvoit leur donner trop d'authorité dans leur familles. Ils croioient que si on les établissoit les maîtres des Mariages de leurs enfans , ce leur seroit une nouvelle raison de rechercher avec soin toutes les occasions de leurs en procurer d'avantageux, & qu'ils ne se serviroient du pouvoir que les Loix leur donnent , que pour empêcher les·desordres où leurs enfans pourroient tomber. Il y a eu des peres qui ont abusé de cette authorité , & qui se sont conduits à l'égard de leurs enfans, d'une maniere entierement opposée à celle que la tendresse paternelle inspire aux autres : non seulement ils ne recherchoient pas les occasions de marier leur enfans, ils leurs dé-

fendoient même de penser à celles qui se presentoient, quoi qu'ils
y trouvassent de grands avantages.
Les Souverains étans informez de
ces desordres, ils n'ont pas dé-
poüillé les peres de l'authorité
qu'ils avoient sur les Mariages de
leurs enfans, mais ils ont aporté
quelques precautions afin qu'ils
n'en abusassent point; ils ont ordonné, que si les enfans s'en plai-
gnent, le Proconsul, ou le Presi-
dent de la Province recevra leurs
plaintes, & condamnera ou aprou-
vera la conduite des peres, aprés
avoir examiné leurs raisons. C'est
ce qui est ordonné par la Loi *a*
qui liberos, il ne faut que la lire
pour connoître que c'est l'esprit
du Legislateur. *Qui liberos quos*
habent in potestate, injuria prohibue-
runt ducere uxores, vel nubere (vel
qui dotem dare non volunt ex consti-
tutione divorum Severi & Antonini)
per Proconsules Præsidesque Provin-

<hr>

a Digest. lib. 23. tit. 2. de ritu nupt. l. 19.

ciarum coguntur in matrimonium col-
locare & dotare, prohibere autem vi-
detur & qui conditionem non quærit.
Suivant cette jurisprudence le
consentement du pere est toûjours
neceſſaire pour la validité du Mariage de ſes enfans, pendant qu'il
ne ſe ſervira de ſon authorité
dans cette occaſion que pour leur
avantage ; la Loi ne le prive pas
de ſon pouvoir, elle établît ſeulement des moiens, dont les enfans pouront ſe ſervir, afin de
l'empêcher d'en abuſer, & pendant qu'un pere ne ſe ſervoit de
l'authorité que les Loix lui donnoient, que pour l'avantage de ſes
enfans, l'Etat ne reconnoiſſoit
point pour legitimes leurs Mariages auxquels il n'avoit pas con-
ſenti.

Cette Loi eſt generale, *qui li-*
beres quos habent in poteſtate, injuria
prohibuerunt ducere uxores vel nubere,
elle ne dit point ſi ces enfans ont
vingt-cinq ans, & c'eſt ſans aucun
fon-

fondement qu'on veut y ajoûter
cette glose. Mais quand elle y
feroit expresse , il ne faudroit
pas en conclure qu'en ce temps-
là les enfans de famille qui n'é-
toient pas emancipez pouvoient
se marier sans le consentement
de leurs parens, lors qu'ils avoient
plus de vingt-cinq ans. Il s'en-
suivroit seulement, que l'Etat ne
commettoit personne pour examiner si les peres abusoient , ou se
servoient utilement de l'authorité
qu'on leur avoit donnée sur les
Mariages de leurs enfans qui n'é-
toient point emancipez , lorsqu'ils étoient dans un âge moins
avancé, & que les Loix ne donnoient point la liberté à ceux qui
n'avoient pas encore vingt-cinq
ans,de former leurs plaintes contre
la dureté de leur pere.

Les Ordonnances de nos Souverains sont beaucoup plus favo-
rables aux enfans de famille : un
fils plein de respect pour ses parens

V

ne se servira jamais de ce temperament des Loix Romaines, il n'y
a point d'avantages qu'il ne soit
prêt de perdre, ni de mauvais
traittement qu'il ne vëuille souffrir,
plûtôt que de publier le crime de
son Pere, & rien ne peut le resoudre à l'accuser devant un Ma-
gistrat, d'avoir étouffé les sentimens de tendresse, qui sont na-
turels à tous les peres.

SECTION IV.

Les premiers Rois de France qui ont fait profession de la Religion de JESUS-CHRIST ont ordonné, que les enfans de famille ne pouroient se marier sans le consentement de leurs parens.

CE n'étoit pas seulement sous les Empereurs Romains que les Chrétiens consideroient les Mariages des enfans de famille comme des concubinages, si leurs parens n'y avoient pas consenti. Nos premiers Rois qui ont fait profession de la Religion de JE'US-CHRIST, ont ordonné la même chose. Le second Concile de Tours tenu en 567. nous aprend can. 20. que c'étoit l'usage de la France du temps des Rois Childebert, Clothaire, & Cherebert. Ce Canon a été fait contre les fil-

les qui se marioient aprés avoir
fait profession de vivre vierges.
Quelques-unes pour excuser leur
conduite, disoient, qu'elles avoient
quitté l'habit, & qu'elles s'étoient
mariées afin de n'étre pas exposées
à la violence des personnes qui
sont au dessous de leur condition.
Les Peres de ce Concile leurs ré-
pondent, qu'elles n'ont aucun sujet de craindre, que les Rois Childebert, & Clothaire, ont fait observer les Loix qui défendent d'é-
pouser une fille sans le consentement de ses parens, & que le
Roi Cherebert, sous le regne du-
quel ce Concile a été tenu ; les a
confirmées. *a Et excludatur excu-
sationis adinventio, quam modò aliquæ dicere meditantur, quòd propterea
se veste mutaverint, ne eas inferio-
res personæ macularent ; cum non solùm Domini gloriosæ memoriæ Chil-
debertus & Clotharius Reges, con-
stitutionem legum de hac re custodie-*

a *Tom. 5. Concil. pag. 580.*

*rint, & servaverint, quam nunc Do-
minus Charibertus Rex successor eorum, præcepto roboravit, ut nullus
ullam puellam absque parentum voluntate, trahere aut accipere præsu-
mat. Quæcumque ergo timet violentiam, & non vult habere maritum,
refugiat ad Ecclesiam, donec propin-
qui possint eam Principis imperio, aut
Sacerdotis, vel Ecclesiæ beneficio li-
berare & defensare, ac condigno sociare marito, nam quæ se veste mu-
taverit absque dolo, in eo proposito
quod disposuit, perseverare procuret.*
La reponse de ces Evêques suppose que suivant les Loix de Childebert, Clothaire, & Cherebert,
le Mariage d'une fille auquel ses
parens n'avoient pas consenti,
étoit nul. S'il avoit subsisté quoique condamné par les Loix qu'ils
aportent pour leur raison, ces filles auroient toûjours pû craindre
que des personnes au dessous de
leur condition, leurs ayant fait
violence, ne les eussent épousées.

Le Roi Dagobert a fait aussi des Loix sur cette matiere, qui sont conformes à celles de ses predecesseurs. Voici ce qu'il ordonne dans son 2. Capitulaire, qu'on appelle ordinairement la Loi des Alemans, *Lex Alamannorum*, chap. 54. *a Si quis filiam alterius non desponsatam acceperit sibi uxorem, si pater ejus eam requirit, reddat eam & cum quadraginta solidis eam componat.*

Dans le 8. & le 9. siécles, nos Souverains étoient persuadés que les Apôtres avoient enseigné que le consentement des parens est nécessaire pour la validité du Mariage de leurs enfans. C'est le motif de leur Ordonnance raportée dans le chap. 463. du livre 7. des Capitulaires. *b Decretum est ut uxor legitimè viro conjungatur ; aliter enim legitimum, ut à Patribus accepimus, & à sanctis Apostolis,*

a Tom. 1. Capitul. pag. 71.
b Tom. 1. Capitul. pag. 1129.

eorumque successoribus traditum invenimus, non fit conjugium, nisi ab his qui super ipsam fœminam dominationem habere videntur, & à quibus custoditur uxor petatur, & à parentibus propinqaioribus uxor sponsetur, & legibus dotetur, & suo tempore Sacerdotaliter, ut mos est, cum precibus & oblationibus à Sacerdote benedicatur. Taliter enim & Domino placebunt, & filios non spurios, sed legitimos atque hæreditabiles generabunt. Il est constant que l'Eglise approuvoit toutes ces Loix, les Canons du premier & du quatriéme Conciles d'Orleans que j'ay aportez dans le sixiéme chapitre, celui du second Concile de Tours que je viens de raporter, & l'authorité que les Capitulaires de nos Rois ont eû dans l'Eglise, en font autant de preuves convaincantes.

SECTION V.

*Les Mariages condamnez par les Loix
des Souverains, n'étoient pas nuls
seulement par raport aux effets civils, on les consideroit dans l'E-
glise & dans l'Etat comme des concubinages.*

IL y a des Théologiens qui pretendent que toutes ces Loix
doivent être expliquées par raport
aux effets civils seulement ; que
l'intention des Souverains qui les
ont faites, n'a pas été d'ordonner
des conditions necessaires pour la
validité d'un Mariage Chrétien,
& qu'ils n'ont voulu autre chose,
que priver les enfans qui naissent
de ces Mariages, de la succession
de leurs pere & mere, & de tous
les autres effets civils qu'ils acor-
dent à ceux qui sont nés dans un
Mariage où l'on a observé les Loix
de

de l'Etat. Ils conviennent que la
desobéiſſance de ceux qui negligent de ſatisfaire à ces Loix, eſt
criminelle ; mais ils ſoûtiennent
qu'elle n'empêche pas que le Mariage ne ſubſiſte pour ce qui regarde le contract naturel & le Sacrement.

Les Souverains ne ſe ſeroient
pas expliquéz de la maniere qu'ils
l'ont fait, s'ils avoient été perſua-
dés que les Mariages qu'ils condamnoient, étoient legitimes, *a*
L'Empereur Juſtinien n'auroit pas
dit : *Si adverſus ea quæ diximus, ali-*
qui coïërint, nec vir, nec uxor, nec
nuptiæ , nec matrimonium , nec dos
intelligitur. Il n'eſt point neceſſaire
d'examiner ici, ſi ces Loix inde-
pendemment de l'authorité de
l'Egliſe, auroient été des empêchemens qu'on appelle dirimans ;
il eſt conſtant que l'Egliſe les a
reçûes, & les a fait obſerver comme autant de Regles ſur la validité

a. Inſtit. lib. 1. cap. 10.

X

des Mariages, & par conséquent
toûs les Catholiques doivent être
persuadés qu'elles ont été sagement établies ; cela suffit pour nôtre sujet. Les mêmes raisons ayant
obligé nos Rois de faire observer
ces reglemens dans leur Etat, il
ne faut pas douter que l'Eglise ne
les approuve, comme elle les approuvoit du temps des premiers
Empereurs Chrétiens.

C'est apparemment de cette Loi
de Justinien dont je viens de parler, qu'il faut entendre le 18. Canon du second Concile de Mâcon
tenu en 585, *a Incestam copulatio-*
nem, in quâ nec conjux, nec nuptiæ
rectè appellari leges sanxerunt, Ca-
tholica omninò detestatur, atque abo-
minatur Ecclesia. Les Peres du second Concile de Tours, tenu en
567. prouvent aussi par les Loix
des Souverains, la nullité de certains Mariages. Je viens de raporter ce qu'ils disent dans le

a Tom. 5. Concil. pag. 987.

20. Canon des Ordonnances que
nos Rois Childebert, Clothaire
& Cherebert ont faites sur la necessité du consentement des parens pour la validité du Mariage
de leurs enfans. Dans le Canon
suivant ils citent les Loix des Empereurs Chrétiens pour justifier la
nullité du Mariage de l'oncle avec
sa niéce, d'une femme avec le
frere de son mari, & d'un homme avec la sœur de sa femme, ou
la femme de son frere. *a Iterum
ait Sacra Sententia legum, quæ in
hac explanatione omni homini tàm do-
Eto quàm indoEto aperta est, ut quisquis
aut sororis, aut fratris filiam, aut ul-
terioris gradûs consobrinam, aut fratris uxorem, sceleratis sibi nuptiis jun-
xerit, huic pœnæ subjaceat, ut de tali
consortio separetur. Item alia quæcumque mulier sororis suæ maritum
post mortem illius acceperit, vel si quis
ex viris, mortuà uxore sororem ejus*

a *Tom.* 5. *Concil. pag.* 862.

aliis nuptiis sibi conjunxerit, noverit tali consortio se esse notabilem.

La 1. de ces Loix est de l'Empereur *a* Arcadius, l'autre est de l'Empereur Honorius, les deux sont raportées dans le Code de *b* Theodose *lib. 3. tit. 12. de incestis nuptiis.*

Les Peres du second Concile de Miléve, ou de Mela, tenu en 416. ordonnent, Canon dix-septiéme, qu'on priera l'Empereur de faire une Loi qui condamne les Mariages de ceux, qui aprés avoir chassé leurs femmes, en épousoient d'autres. *c Placuit ut secundùm Evangelicam & Apostolicam disciplinam, neque dimissus ab uxore, neque dimissa à marito, alteri conjungatur, sed ita maneant, aut sibimet reconcilientur; quod si contempserint, ad pœnitentiam*

<hr>

a *C. d. Theod. lib. 5. tit. 12. l. 1. manente circa eos sententia.*

b *Ibidem l. 4. tanquam incesta.*

c *Tom. 2. Concil. pag. 1117. & 1541.*

*redigantur. In qua causa legem Im-
perialem petendum est promulgari.*
Douze ans auparavant, les Peres
du second Concile d'Afrique
avoient ordonné la même chose.
Can. 70. on a mis ce Canon dans
le Code de l'Eglise d'Afrique, il
est le 102. Les Evêques de ces
deux Conciles n'auroient pas de-
mandé cette Loi s'ils avoient crû
que les Mariages font legitimes,
quoi qu'ils soient condamnés par
les Loix des Souverains.

Le Pape Nicolas I. étoit persuadé que la Loy civile qui défend
à un homme d'épouser une fille
qu'il a adoptée, rendoit le Mariage nul, il n'aporte pas d'autre
raison dans le chapitre second de
sa reponse aux Bulgares, pour
prouver qu'il ne peut y avoir un
Mariage legitime entre ceux qui
ont contracté une affinité spirituelle dans le Baptême. *a Unde inter
eos non arbitramur esse quodlibet posse*

a *Tom.* 8 *Concil. pag.* 516.

246 *Justification des usages*
conjugale connubium, quandoquidem
nec inter eos qui adoptione filii sunt,
veneranda Romanæ leges matrimonium contrahi permittunt, a siquidem
primus Institutionum liber, cùm de nuptiis loqueretur, inter cætera, inter
eas, inquit, personas quæ parentum,
liberorumve locum inter se obtinent,
nuptiæ contrahi non possunt, veluti
inter patrem & filiam, avam & ne-
ptem, matrem & filium, vel aviam
& nepotem, & usque ad infinitum.
Etsi tales personæ inter se coierint,
atque incestas nuptias contraxisse di-
cantur. Et hæc adeo sunt, ut quamvis
per adoptionem, parentum liberorumve
loco sibi esse cœperint, non possint inter
se matrimonio conjungi. Itaque eam
quæ mihi per adoptionem filia aut ne-
ptis esse cœperit, non potero uxorem
ducere. Et infra. Si quæ per adoptionem soror esse cœperit, quamdiu
quidem constat adoptio, sane inter me
& eam nuptiæ consistere non possunt.
Si ergo inter eos non contrahitur matri-

a Instit. lib. 1. tit. 10.

monium quos adoptio jungit;quanto po-
tiùs à carnali oportet inter se contuber-
nio cessare, quos per celeste Sacramen-
tum regeneratio sancti Spiritus vincit.

Du temps de Charle-magne,
c'étoit le sentiment de toute l'E-
glise, qu'un Mariage qui n'avoit
pas été fait suivant les Loix civiles, ne pouvoit point être legitime. C'est ce qui a fait dire à ce
pieux Empereur dans une de ses
Ordonnances raportée dans le *a*
chapitre 395. du livre 7. des Capitulaires, *Si quis uxorem habere*
voluerit, canonicè & legaliter eam
accipiat. Et à Hincmar Archévé-
que de Reims, que les Loix Ecclesiastiques & Civiles sont les
regles suivant lesquelles il faut ju-
ger si un Mariage est incestueux
ou legitime. *Secundùm leges Chri-*
stianas, Forenses scilicet & Ecclesia-
sticas, an conjunctio Legalis fuerit
vel incestus. Le Mariage de Judith
fille du Roi Charles le Chauve

avec le Comte Baudoüin fût declaré nul du consentement du Pape & de toute l'Eglise de France,
suivant les Loix que Charles le
Chauve, Hincmar & Flodoard appellent *Lex mundana*, *Lex mundialis*, *lex sæculi*. J'ai fait voir, que
ces Loix sont celles que nous avons
dans les Capitulaires de nos Rois
contre le rapt de seduction.

Le Pape Caliste II. se fonde
aussi sur les Loix civiles, pour
condamner les Mariages des parens. C'est dans le 5. Canon entre
ceux qu'on attribuë au premier
Concile de Latran tenu en 1123.
*a Conjunctiones consanguineorum fieri
prohibemus, quoniam eas & divinæ,
& sæculi prohibent leges.* Caliste II.
a pris cette raison du Chapitre
IV. d'une lettre faussement attribuée à Caliste I. où l'on fait dire
à ce Pape. *b Conjunctiones autem
consanguineorum fieri prohibentur*

____

a *Tom.* 10. *Concil.* pag. 868.
b *Tom.* 1. *Concil.* pag. 614.

quando has & divinæ sæculi prohi-
gent leges. Nec eos viros nec accusationes eorum quos leges sæculi rejiciunt,
suscipere debemus : quis enim dubitat
leges humanas rationi & honestati non
repugnantes , esse amplectendas, præsertim ubi vel publicæ consulunt uti-
litati , vel Ecclesiasticæ dignitatis
auctoritatem defendunt , ac pro admi-
niculo tuentur. Eos autem consanguineos dicimus , quos divinæ & Im-
peratorum, ac Romanorum atque Græ-
corum leges consanguineos appellant,
& in hæreditatem suscipiunt : talium
enim conjunctiones , nec legitimæ sunt,
nec manere possunt , sed sunt repellen-
dæ. On ne peut rien souhaitter
de plus exprés pour l'authorité des
Loix civiles sur les Mariages, &
pour confirmer que l'Eglise ne reconnoissoit point pour legitimes
ceux qui étoient condamnés par
les Loix des Souverains. Nec eos
viros nec accusationes eorum quis leges sæculi rejiciunt, suscipere debemus:
quis enim dubitat leges humanas ra-

tioni & honestati non repugnantes, esse amplectendas.

Cette lettre , comme je viens de le remarquer , n'est pas du Pape Caliste I. & je conviens qu'on ne peut point en conclure que la doctrine qu'elle contient, soit celle qu'on enseignoit au commencement du troisiéme siécle , qui est le temps où ce Pape a été élevé au gouvernement de l'Eglise ; mais on en conclura fort bien , que c'étoit un sentiment reçû parmi les Catholiques lorsqu'elle a été supposée , & que si la doctrine de nos adversaires avoit été une opinion commune , lorsque cette lettre a paru ; elle auroit été rejettée comme injurieuse au Pape auquel on l'attribuë, & qui contient des erreurs évidemment contraires aux sentimens de l'Eglise de Rome.

a Gratian étoit persuadé que l'Eglise ne reconnoissoit point

a *Gratian. cauf. 32. q. 4. c. 12.*

pour legitimes les Mariages condamnez par les Loix civiles, il
s'en explique à l'occasion des Mariages des enfans de famille faits
fans le confentement de leurs parens. Ce celebre Canonifte aprés
avoir aporté un témoignage de
faint Leon, qu'il croit établir la
neceffité du confentement d'un
pere pour la validité du Mariage
de fes enfans, il conclud. *Cùm*
ergò dicitur (paterno arbitrio junctæ
viris) datur intelligi quod paternus
confenfus defideratur in nuptiis, nec fine
eo legitimæ nuptiæ habeantur, juxta
illud Evarifti Papæ, aliter nonfit le-
gitimum conjugium, nifi à parentibus
tradatur. Il raporte enfuite la Loi
nec filium, Cod. lib. 5. tit. 4. *de nu-*
ptiis, l. 12. La Loi *in conjunctione,*
qui eft la 20. du même titre. La
Loi *nuptiæ confiftere,* Digeft. lib. 23.
tit. 2. *de ritu nuptiarum,* l. 2. & le
commencement du 10. chapitre *de*
nuptiis, des Inftitutions de l'Empereur Juftinien. Nous n'avons

rien de plus exprés pour la nullité des Mariages des enfans de famille faits sans le consentement
de leurs parens.

Il est vrai qu'on a retranché
ces Loix du Decret de Gratian, mais on ne peut disconvenir
qu'elles sont dans plusieurs manuscrits; les Autheurs des Notes
qui sont au pied de ce chapitre,
en citent deux.

Tous ces temoignages sont pris
de l'Eglise Latine. C'est aussi la
doctrine de l'Eglise Grecque. Saint
Basile *a* dit en termes exprés, que
les Mariages des enfans de famille faits sans le consentement de
leur pere, & ceux des esclaves
sans le consentement de leurs
maîtres, sont nuls. *Quæ sine iis qui
habent potestatem, fiunt matrimonia,
sunt fornicationes, nec ergo vivente
patre nec Domino, ii qui conveniunt,
sunt ab accusatione liberi, donec conjugio Domini annuerint , tunc enim*

a *Epist. ad Amphiloch. can.* 42.

accipit firmitatem conjugium. Il en rend cette raifon dans le 40. Canon de la même lettre : *Eorum enim qui funt in alterius poteftate pacta conventa firmi nihil habent.* Du temps de faint Bafile, il n'y avoit point de Loix Ecclefiaftiques contre la validité de ces Mariages. On en raporte ordinairement une tirée du fecond chapitre d'une lettre qu'on attribuë au Pape Evarifte, qui fût élevé au gouvernement de l'Eglife un peu aprés le commencement du fecond fiécle, mais cette lettre n'eft pas de lui, celui qui l'a fuppofée a vécû plufieurs fiécles aprés. Cette réponfe de faint Bafile ne peut donc être fondée que fur les Loix civiles qu'on obfervoit de fon temps, que l'Eglife authorifoit, & qui étoient les regles de fa difcipline fur cette matiere.

L'Eglife Grecque a toûjours confervé cette déference pour les Loix de l'Etat. Photius dans le neuviéme siécle; le Patriarche Alexis vers le milieu de l'onziéme, & Theodore Balsamon au commencement du treziéme, condamnent comme un concubinage les Mariages des enfans de famille faits sans le consentement de leurs parens, principalement à cause des Loix des Empereurs qui les défendent. J'ai aporté leurs temoignages dans le cinquiéme chap.

CHAPITRE IX.

On prouve par les Loix de l'Eglise sur le consentement des maîtres pour la validité du Mariage de leurs esclaves, non seulement qu'elle ne condamne point les Ordonnances de nos Rois sur les Mariages des enfans de famille faits sans le consentement de leurs parens, mais même qu'elle les aprouve par son consentement exprés ou tacite.

LEs Loix humaines ayant introduit la servitude, elles en determinerent les obligations; le consentement des maîtres pour la validité du Mariage de leurs esclaves, étoit consideré comme une chose necessaire pour le bien public. C'est un usage que les Empereurs les plus religieux parmi les Chrétiens, ont conservé autant exactement que les Payens, l'Eglise persuadée que ces Loix étoient fort utiles à l'Etat, a employé son authorité pour les faire observer, & n'a point reconnu pour femmes legitimes, celles que les esclaves épousoient sans le consentement de leurs maîtres. Nous aprenons de saint Basile quelle étoit la discipline de l'Eglise sur ce sujet, sous les premiers Empereurs Chrétiens. J'ay raporté dans le chapitre precedent ce qu'il en a écrit à Amphilochius. *a Quæ præter Domini sententiam se viro tradidit, fornicata est ; quæ autem postea libero matrimonio usa est, nupsit; quare illud quidem fornicatio, hoc verò matrimonium. Eorum enim qui sunt in alterius potestate pacta conventa firmi nihil habent.* La raison que ce saint Evêque aporte pour justifier la discipline de son temps (*eorum enim qui sunt in alterius potestate pacta conventa firmi nihil*

____

a Sanctus Basil. Epist. Canon. ad Amphiloch. Can. 40.

habent)

habent) est tres-remarquable, &
fort à nôtre sujet, parce qu'on ne
peut pas nier que suivant les Loix
divines & humaines, les enfans
sont en la puissance de leurs parens.

On observoit la même discipline dans l'Eglise d'Occident :
cela est exprés dans le 24. Canon
du 4 Concile d'Orleans tenu en
541. Je l'ay raporté dans le chap.
precedent. Il n'est pas moins evident dans le sixiéme Canon du
Concile de Compiégne *a* tenu sous
le Roi Pepin, suivant le Pere Sir-
mond en 757. & dans le sentiment
de quelques autres en 756. On y
proposa cette question. Un naturel François avoit reçû d'un Seigneur une terre en fief. Y étant
allé il y avoit mené un homme
qui étoit son vassal. Ce naturel
François y mourut, & y laissa ce
vassal. Le Seigneur superieur in-
vestit de ce fief, un second hom-

a Tom. 5. Concil. pag. 385.

Y

mager, lequel pour retenir ce vassal à son service, il lui fit épouser une femme domiciliée dans ce fief. Quelque temps aprés, il la quitta, & s'en revint auprés des parens de son premier maître, qui étoient ses originaires & premiers Seigneurs. Il épousa une seconde femme dans leur territoire. On proposa au Concile, lequel de ces deux Mariages étoit legitime. On y resolut que le second devoit subsister. Voici les termes de ce Canon. *a Homo Francus accepit beneficium de Seniore suo, & duxit secum suum vassallum, & posteà fuit ibi mortuus ipse Senior, & dimisit ibi suum vassallum. Et post hoc accepit alius homo ipsum beneficium, & pro hoc ut meliùs potuisset habere vassallum, dedit ei mulierem de ipso beneficio, & habuit ipsam aliquo tempore; & dimissâ illâ, reversus est ad parentes Senioris sui mortui, & accepit ibi uxorem, & modò habet eam*

____

a *Tom. 6. Concil. pag.* 1695.

Diffinitum est quod illam quam postea accepit, ipsam habeat. Le titre de ce Canon explique fort clairement de quoi il s'y agit. *De vassallo, qui relictâ uxore quam in alterius beneficio duxerat, alteri apud Seniorem suum conjungitur.*

On ne peut pas douter de l'authorité de ce Canon. C'est un Decret d'une assemblée generale des Evêques, Abbés & autres Seigneurs du Roiaume de France. Il est raporté dans le *a* Capitulaire du Roi Pepin de l'année 757. intitulé *Capitulaire compendieuse* , chap. 6. Reginon Abbé de Prom dans le Diocese de Treves, l'a mis dans le livre second de sa Collection, chapitre 127. Charle-magne l'a confirmé avec toutes les autres Ordonnances de Pepin , dans le chapitre 12. de son *b* Capitulaire de l'année 779. *Capitula verò quæ bonæ memoriæ genitor noster Dominus*

a *Tom.* I. *Capitul. pag.* 182.
b *Tom.* I. *Capitul. pag.* 187.

Pippinus Rex, in suis placitis consti-
tuit, & in Synodis, conservare volu-
mus. Cette confirmation est aussi
dans le *a* cinquiéme livre de la
Collection des Capitul. chapitre
305. & dans la quatriéme *b* addition chap. 131.

Je n'entreprens point d'examiner ici, ce que signifie dans ce
Canon le mot (*Vassallus*) & la difference qu'il y avoit dans le 8. &
le 9. siecles, entre un vassal & un
esclave. *c* M^r. Cujas l'a tres-bien
expliquée dans la Preface de ses
livres *de feudis.* Et aprés lui feu M^r.
Bignon *d* dans ses sçavantes Notes sur les formules de Marculfe,
expliquant ces mots, *ad vassos no-*
stros, qui sont dans l'onziéme formule du 2. livre. Il est certain que
ces deux servitudes étoient tres-
differentes. Les vassaux étoient

a *Ibid. pag.* 887.
b *Ibid. pag.* 1211.
c *Tom.* 2 *Operum priorum part.* 2. *pag.* 590.
d *Tom.* 1. *Capitul. pag.* 640.

des perſonnes libres , cela paroît
par le chap. 51. du 3. livre des Capitulaires. Ils portoient les armes,
dans le même livre chapitre 73. &
75. ce qui étoit défendu aux eſclaves. Il y en avoit même qui
étoient illuſtres , & qui avoient
des emplois conſiderables à la
Cour du Roi ; c’eſt de ceux - ci
dont Loüis le Débonnaire parle ,
lors qu’il ordonne ſur la fin du *a*
chapitre 24. que tous ſes ſujets
leur rendent l’honneur qui leur
eſt dû. *b Vaſſi quoque & vaſſalli
noſtri nobis famulantes volumus ut con-
dignum apud omnes habeant honorem ,
ſicut à genitore noſtro & à nobis ſæpè
admonitum eſt.* Quelque diſtinction
qu’il y eût entre eux & les eſclaves,ce Canon du Concile de Compiégne nous apprend que le conſentement du Seigneur dont ils
étoient les vaſſaux, étoit neceſſaire

<hr>

a Tom. 1. *Capitul. pag.* 640.
b Ce chap. dans la Collection d’Anſegiſe eſt le
24. du 1. livre. *tom.* 1. *Capitul. pag.* 743.

pour la validité de leurs Mariages.

Au commencement du 9, fiécles quelques - uns pretendoient
qu'il n'y avoit point de veritable
Mariage entre les efclaves, principalement lors qu'ils n'apartenoient pas à un même maître. Les
Peres du fecond Concile *a* de
Châlons fur Saone tenu en 813.
condamnerent ce fentiment , &
définirent dans leur 30. Canon ,
qu'on devoit reconnoiftre ces
unions pour legitimes, lors qu'elles
avoient été faites fuivant les Loix
& du confentement de leurs maîtres. *Dictum nobis eft quòd quidam*
legitima fervorum matrimonia , pote-
ftativa quàdam præfumptione diri-
mant, non attendentes illud Evange-
licum (quod Deus conjunxit , homo non
feparet) unde nobis vifum eft ut con-
jugia fervorum non dirimantur, etiamfi
diverfos Dominos habeant , fed in uno

a *Concil. Cabilonenfe 2. cap. 30.*
Tom. 7. Concil. pag. 1278.

conjugio permanentes Dominis suis
serviant. Et hoc in illis observandum
est, ubi legalis conjunctio fuit, & per
voluntatem Dominorum. Ces der-
nieres paroles du Canon, *Et hoc in*
illis observandum est, ubi legalis con-
junctio fuit, & per voluntatem Do-
minorum, expliquent clairement
que la pensée des Peres de ce Concile, n'a pas été de recevoir tous
les Mariages des esclaves, & qu'ils
ne reconnoissoient point pour legitimes, ceux ausquels leurs maîtres n'avoient pas consenti. Loüis
le Débonnaire a fait mettre ce
Canon dans ses Capitulaires, il
est le *a* chapitre 54. de la 3. addition Avant lui Charle-magne l'a-
voit fait inserer dans les Loix des
Lombards, *l. 2. tit. 2. cap. 10.* Et le
chapitre 14. des Capitulaires qu'on
a pris sur ces Loix, en est un abregé. *b Ut conjugia servorum non di-*
rimantur, etiamsi diversos Dominos

a *Tom. 1. Capitul. pag. 1166.*
b *Tom. 1. Capitul. pag. 351.*

habuerint , sed in uno conjugio servi permanentes , Dominis suis serviant , sic tamen ut ipsum conjugium legale sit ; & per voluntatem Dominorum suorum , juxta Evangelium (quod Deus conjunxit , homo non separet.)

La plus grande partie de ceux qui ont fait des Collections de Canons, y ont mis celui que je viens de citer du second Concile de Châlons sur Saone. Burchard le raporte *l. 9. c. 29.* Il est trois fois dans le Decret d'Yves de Chartres. Il le cite en abregé dans le chapitre 54. de la 8. partie, comme l'ayant tiré de la 3. addition aux Capitulaires. Et dans le chapitre 167. de la même partie, il le raporte entier , comme un Canon du second Concile de Châlons. Il est encore dans la 16. partie chap. 335. comme l'ayant pris des Capitulaires. Gratien , *cauf. 29. q. 2. c. 8.* propose cette question. *Si servus unius , alterius ancillam acceperit , an sit conjugium inter*

inter eos. Pour la resoudre il n'a-
porte point d'autre authorité que
ce Canon.

Peut-on croire que l'Eglise, qui
a pendant un si long-temps aprouvé les Loix civiles sur le consentement des maîtres pour la validité
du Mariage de leurs esclaves, &
qui en a fait elle-même des Canons, prononce Anathême contre les Souverains, parce qu'ils
déclarent nuls les Mariages des
enfans de famille faits sans le consentement de leurs parens, dans
un âge, où les enfans n'ont pas ordinairement la raison assés formée
pour se conduire prudemment
dans une affaire autant importante qu'est le Mariage. Ce n'a jamais
été le sentiment de l'Eglise, qu'il
soit permis aux enfans d'être moins
soûmis à leurs parens, que les esclaves le sont à leurs maîtres, &
qu'on ne puisse punir leur desobéissance avec autant de rigueur
que celle des esclaves.

Z

La raison du bien public, & du repos de l'Etat, qui a persuadé l'Eglise de l'équité des Loix civiles sur le Mariage des esclaves, est beaucoup plus forte pour celles, qui demandent le consentement des parens, afin que le Mariage de leurs enfans soit valide. Les suites fâcheuses des Mariages des esclaves faits sans le consentement de leurs maîtres, ne sont pas comparables aux desordres, que les enfans causent dans leurs familles, & quelquefois dans tout l'Etat, lors qu'il se marient contre la volonté de leurs parens. L'Eglise est conduite par le même esprit, qui la conduisoit lors qu'elle aprouvoit les Loix civiles sur le consentement des maîtres pour la validité des Mariages de leurs esclaves ; il n'y a donc point d'apparence qu'elle regarde comme des Loix injustes celles de nos Rois pour la validité du Mariage des enfans de famille.

Dans les derniers siécles les Papes considerans qu'il y avoit peu d'esclaves dans les Royaumes Catholiques, ont crû que les raisons, qui ont obligé l'Eglise & l'Etat de demander le consentement des maîtres pour la validité du Mariage de leurs esclaves, ne subsistoient plus. C'est le fondement du chap. *dignum est, lib. 4. decretal. tit. 9. de conjugio servorum.* Ce n'est pas mon dessein d'examiner ici, de quelle authorité est ce titre des decretales, & si les Eglises des Provinces, dont le Pape n'est pas le Souverain, sont obligées de s'y soûmettre, avant qu'il ait été authorisé de ceux, qui ont le gouvernement de l'Etat ; il suffit de remarquer qu'on ne peut point dire la même chose du Mariage des enfans de famille. Les raisons qui ont autrefois determiné les Etats Chrétiens à les declarer nuls, s'ils étoient faits sans le consentement de leurs parens, ne sont pas moins fortes dans nôtre siécle, qu'elles l'étoient du temps des Empereurs Constantin, Theodose, & Justinien. Ces Mariages font toûjours également contraires à la sanctification des mariés,& l'opposition des enfans à la volonté de leurs peres, cauferoit les mêmes troubles dans l'Etat, & des defordres auffi grands dans les familles, qu'elle auroit fait dans les fiecles paffés, fi les Loix n'en avoient point arrêté le cours. C'eft ce qui a porté la pieté de nos Rois à faire leurs Reglemens fur cette matiere, & qui doit nous perfuader que l'Eglife, qui n'eft pas moins appliquée à procurer la fanctification de fes enfans, qu'elle l'étoit il y a mille ou douze cent ans, aprouve ces fages Ordonnances, comme elle approuvoit les Loix anciennes fur le confentement des parens & des maîtres pour la validité du Mariage de leurs enfans & de leurs efclaves.

CHAPITRE X.

On explique dans quel temps, & de quelle maniere on a negligé dans l'Eglise d'Occident, de faire observer l'ancienne discipline sur les Mariages des enfans de famille faits sans le consentement de leurs parens.

LE relâchement qui s'introduisit vers le dixiéme siécle dans l'Eglise Latine, y fit negliger les Loix les plus necessaires. Le Mariage des Prêtres y devint commun. On ne condamnoit plus les Mariages clandestins, on souffroit que les enfans de famille se mariassent sans le consentement de leurs parens. Le rapt étoit une voie pour parvenir à des Mariages avantageux. Il faut du temps pour reformer un renversement

de discipline aussi grand que l'a
été celui-là. Sur la fin de l'onziéme siécle, le Pape Gregoire VII.
voulant y aporter quelques remedes, défendit aux Prêtres de se
marier. L'opposition qu'il trouva
pour faire executer cette Loi; fait
voir combien il est difficile de reformer les abus, qui ont été tole-
rés pendant un long temps. Quoi
qu'il n'ordonnât pas que ces Mariages seroient nuls , mais seulement que les Prêtres qui se ma-
rieroient, feroient privés de leur
ministere, cependant ce commencement de reforme causa dans
beaucoup de Provinces des émo-
tions extraordinaires. On ne peut
lire sans étonnement ce que *a* Sigebert & *b* Lambert de Schafne-
bourg en ont écrits des troubles
d'Allemagne. Dans le siécle suivant on condamna absolument
ces Mariages , & on les déclara

a *Sigebert. ad annum* 1 0 7 4.
b *Lambertus Schafnaburg pag.* 1 0 1,

nuls. Innocent II. en fit un Decret dans le second Concile de
Latran en 1139. & Eugene III.
dans un Concile de Reims tenu
neuf ans aprés. Mais on trouva
encore de la difficulté à faire observer les Decrets de ces deux
Conciles, principalement en An-
gleterre, les défenses que l'Eglise
a tant de fois reïterées dans les
Conciles tenus aprés, font une
preuve qu'il y avoit toûjours quelque reste à réformer.

Les Papes firent aussi des Loix
contre les Mariages clandestins,
& ceux des enfans de famille faits
sans le consentement de leurs parens. La memoire des troubles
qui étoient arrivés à l'occasion de
celles qu'on avoit faites contre le
Mariage des Prêtres; leurs a fait
aporter de grandes precautions
dans celles-ci, ils ont crû qu'il
faloit commencer par désaprou-
ver ces Mariages, & imposer des
peines aux mariés, mais que la ne-

cessité des temps obligeoit de tolerer ceux qu'on faisoit contre
leurs défenses. Cette discipline a
duré jusques au Concile de Trente, qui a declaré nuls les Mariages clandestins; mais les Peres de
ce Concile pour les raisons que
j'ai aportées, ont crû qu'il n'étoit
pas encore temps de publier un
Decret general pour toutes les
Nations, qui fût exprés sur la nullité du Mariage que les enfans de
famille contractent sans le consentement de leurs parens. Nos Rois
connoissans que leurs peuples
étoient fort disposés à recevoir un
reglement, qui reformât entierement cet abus, ont fait des Ordonnances pour le retablissement
de la discipline, & l'observation
de ces belles Loix de l'Eglise &
de l'Etat, dont nos Evêques, &
les autres corps du Roiaume disoient il y a plus de huict cent ans,
qu'ils souhaitoient qu'elles fussent
observées dans tous les siécles. Les

peuples des autres Roiaumes apparemment ne font pas dans la même difpofition, il faut le croire, puifque leurs Evêques & leurs Souverains ne les obligent point d'obferver cette difcipline, & qu'ils ufent à leur égard de la difpenfation que l'Eglife & l'Etat ont crû neceffaire pendant un temps.

Les Théologiens Scholaftiques, & les nouveaux Canoniftes ont confondu fur cette matiere, ce que l'Eglife tolere avec ce qu'elle authorife. Ayant remarqué que de leurs temps les Mariages des enfans de famille étoient reconnus pour veritables, quoi qu'ils euffent été faits fans le confentement de leurs parens, ils ont conclu qu'ils étoient authorifés de l'Eglife, fans examiner fi elle les aprouvoit, ou fi par difpenfation elle les toleroit feulement, étant obligée de s'accommoder à la corruption du fiecle, & à la mauvaife disposition des peuples. Ils ont pensé la même chose des Mariages clandestins, & de plusieurs autres points de discipline avant qu'ils eussent été reformés par le Concile de Trente. C'est ce qui a fait que les Evêques de ce Concile quelques fois n'ont pas été tous d'un même sentiment, lors qu'on y a proposé de faire des Decrets pour corriger ces abus, & que quelques-uns prevenus en faveur de ces nouveaux Autheurs, s'y sont opposés. Cela n'est point arrivé seulement sur les Mariages des enfans de famille, il paroît par la relation du Cardinal Palavicin, & de F. Paul, qu'il n'y a pas eû moins de difficulté sur les Mariages clandestins, & qu'apparement l'opposition du Cardinal Simonette qui étoit un des Presidens du Concile, du Patriarche de Jerusalem, & de plus de 50. autres Peres, auroit empêché qu'on eût publié le Decret qui les condamne, si le Pape ne s'en fût expliqué.

CHAPITRE XI.

On répond aux principales raisons de ceux qui condamnent les Ordonnances de nos Rois sur les Mariages des enfans de famille faits sans le consentement de leurs parens.

IL faut maintenant répondre aux principales raisons de ceux qui condamnent les Ordonnances de nos Rois sur les Mariages des enfans de famille faits sans le consentement de leurs parens, & qui pretendent qu'elles sont contraires au chapitre 1. *de reform. matrim.* de la Session 24. du saint Concile de Trente. Ils disent que le Mariage doit être libre, que la continence est une grace que Dieu ne donne pas à tout le monde; que nôtre salut est la seule chose à laquelle nous sommes obligés de travailler, & que les parens

souvent plus touchés des avantages temporels de leurs enfans, que
de ce qui est necessaire pour leur
sanctification, ne veulent pas consentir qu'ils se marient dans un
âge où ils sont fort exposés à tomber dans l'incontinence. S'il est
necessaire pour le bien public de
priver les enfans qui se marient
sans le consentement de leurs parens, de la succession de leurs pere & mere, & de tous les autres
avantages de la vie civile, l'Etat
en a le pouvoir, mais il n'est pas
de son authorité de faire que ces
Mariages soient des unions criminelles, lors que les passions vio-
lentes, entretenuës par un mauvais
temperament, mettent sans cesse
ces enfans dans l'occasion de tomber dans le peché, s'ils ne se marient pas. L'Eglise qui consi-
dere uniquement le salut de ceux
qu'elle conduit, authorise ces Mariages comme des remedes dont
ils ont besoin pour les preserver

du crime; elle n'empêche point que l'Etat ne considére les enfans qui en naissent, comme des bâtars suivant les Loix civiles, c'est à dire, qu'il ne les prive de tous les avantages temporels, dont le partage & la possession sont reglées par les Loix des Souverains.

Ils conviennent que les enfans de famille se proposent rarement la facilité de leur salut, lors qu'ils veulent se marier sans le consentement de leurs parens, que tres-souvent leur conduite dans ces Mariages, n'est pas Chrétienne, & qu'une grande partie y sont engagez par le libertinage ; mais ils disent que cette raison ne fait rien au sujet, & qu'ils ne pretendent point justifier la conduite de tous les enfans de famille, qu'ils soûtiennent seulement qu'il y en a plusieurs qui sont perpetuellement dans l'occasion prochaine de tomber dans le peché, qui en sont retirez par le Mariage ; les grandes passions & leur mauvais temperament les reduisent sans cesse dans ce fâcheux état.

La Loi naturelle & la Loi Divine nous commandement d'éviter les objets, les conversations, les compagnies, & generalement toutes les choses exterieures, qui nous mettent dans un peril evident d'offenser Dieu ; les occasions, qui viennent d'un temperament corrompu, sont bien plus dangereuses ; la cause nous accompagne toûjours, nous sommes donc obligés de chercher les moiens de nous en delivrer, & les Loix qui nous en defendent les remedes, ne sont pas moins contraires à la Loi naturelle, & à la Loi divine, que le seroient celles qui nous défendroient d'éviter les objets, les compagnies, & les conversations qui affoiblissent les plus vertueux, & qui font ordinairement tomber ceux qui n'ont qu'une vertu mediocre.

Les Superieurs Ecclefiaftiques font les Medecins aufquels Dieu nous a ordonné de nous adreffer, non feulement pour obtenir la ré-miffion des péchés commis , mais auffi pour apprendre les moyens de fervir Dieu facilement. Il yeut que nous leurs expliquions fincerement toutes nos foibleffes, & que nous nous fervions des re-medes qu'ils nous propofent. Tout ce qu'un Prince Chrétien doit at-tendre d'un enfant de famille, c'eft qu'il découvre fon cœur à fon Pafteur, & qu'il en fuive les con-feils comme une voie dont Dieu fe fert pour luy apprendre fa fainte volonté. Si le Pafteur aprés avoir examiné avec beaucoup de foins, le peril où eft celuy qui le confulte, ne trouve point d'au-tres moyens pour l'en délivrer que le Mariage, cet enfant de fa-mille , qui aura tenté inutilement toutes fortes de voyes pour obte-nir le confentement de fes parens,

peut se marier sans offenser Dieu.
Il ne dépend point des Souverains de rendre cette union criminelle, puis qu'elle est authorisée de la Loi naturelle & de la Loi Divine. Voilà quel est l'esprit & la pensée des Peres du saint Concile de Trente ; ils ne reconnoissent pas pour legitimes tous les Mariages des enfans de famille faits sans le consentement de leurs parens, mais seulement ceux qui ont été approuvés de leurs Pasteurs, ils declarent tous les autres nuls, ils s'en expliquent trésclairement dans le Chap. 1. *de reform. matrim.* de la sess. 24. *qui aliter quàm præsente Parocho, vel alio Sacerdote de ipsius Parochi seu ordinarij licentiâ, & duobus vel tribus testibus, matrimonium contrahere attentabunt, eos sancta Synodus ad sic contrahendum omnino inhabiles reddit, & hujusmodi contractus irritos & nullos esse decernit ; prout eos præsenti decreto irritos facit & annullat &c.*

Cette

Cette voie est plus sûre pour le
salut des enfans de famille , &
pour la paix de l'Estat, que n'est
celle des Loix civiles , qui s'en
rapportent uniquement à la volonté des parens ; il faut mettre
la présomption en faveur des Pasteurs dans les choses qui regardent nôtre salut ; c'est l'ordre que
Dieu a établi ; & la raison nous
en convaint. On ne donne pas ces
dignités indifferemment à tout le
monde. L'Eglise & l'Etat ont
interest que ceux qui en sont re-
vétus, ayent de grandes qualités ;
mais pour peu de raison qui pa-
roisse dans un homme, on ne luy
défend point de se marier ; cependant les hommes prudens &
capables de conduire les autres,
ne sont pas le plus grand nombre. Il est donc du devoir des Superieurs Ecclesiastiques,& des Souverains , d'apporter des precautions contre les desordres, qui
peuvent arriver de la mauvaise

conduite des peres à l'égard des
enfans, principalement lors qu'il
s'agit d'approuver ou de condamner leurs Mariages. Il ne faut
point s'en rapporter entierement
au jugement des parens, qui n'ont
pas ordinairement affés d'étenduë
d'efprit pour fe conduire eux-
mêmes, c'eft un defaut dans les
Loix civiles. Le Decret du faint
Concile de Trente qui ordonne
qu'on s'en rapporte aux Pafteurs,
eft beaucoup plus fage.

Voilà ce que ceux qui condamnent les Ordonnances de nos
Roys fur les Mariages des enfans
de familles faits fans le confentement de leurs parens, peuvent
dire de plus vray-femblable pour
établir le fentiment qu'ils attribuent au faint Concile de Trente.

RE'PONSE.

IL eſt vray que la maniere d'agir des peres envers les enfans, quelques fois n'eſt pas Chrétienne, mais il arrive bien plus ſouvent que la conduite des enfans eſt fort criminelle, lors qu'ils ſe marient ſans le conſentement de leurs parens. Ils prennent tres rarement de tels engagemens ſans y eſtre portez par la debauche. Nos Superieurs doivent apporter autant qu'ils le pourront quelque remede à ces deux deſordres; j'ay remarqué que les Loix anciennes des Romains pour éviter le ſecond plus ſeurement, toleroient le premier, le conſiderant comme un mal qui n'avoit pas de grandes ſuites en comparaiſon de l'autre; elles laiſſoient à la prudence des peres le pouvoir de retenir leurs enfans ſous leur puiſſance autant qu'ils le voudroient ; desorte qu'un fils qui n'étoit pas émancipé, quelqu'âge qu'il eût ne pouvoit se marier sans le consentement de ses parens. Ceux qui condamnent les Ordonnances de nos Roys conviendront que cét usage étoit beaucoup plus dur ; cependant l'Eglise ne s'y est pas opposée, il n'y a point d'exemples qu'elle ait approuvé des Mariages faits contre ces Loix, pendant qu'elles ont été observées dans l'Etat, les témoignages de Tertullien, & de saint Basile que j'ay rapportés, sont une forte preuve qu'on les faisoit observer dans l'Eglise.

Ceux qui proposent cette Objection veulent que le saint Concile de Trente ait pris des moyens entierement contraires à ceux des anciens Legislateurs Romains ; ils pretendent que pour éviter le mal, qui peut arriver de la trop grande rigueur de quelques peres envers leurs enfans. Ce Concile

approuve tous les Mariages des
enfans de famille faits sans le
consentement de leurs parens.
Cette voye seroit injuste. Les Superieurs quelquesfois sont obligez
de negliger les desordres qui sont
moins considerables pour en ap-
paiser de plus grands , mais il
n'est point permis de tolerer les
plus considerables afin d'en éviter d'autres dont les suites ne sont
pas si fâcheuses. Le mal qui peut
arriver de la dureté de quelques
peres, qui ne veulent point consentir que leurs enfans se marient,
n'est pas comparable à celuy que
leurs Mariages causeroient infail-
liblement , si on authorisoit tous
ceux qu'ils voudroient faire sans le
consentement de leurs parens.
Cela est constant si on les consi-
dere par rapport à l'union des familles & au repos de l'Estat. Il
n'est pas moins évident, quand on
n'auroit égard qu'au salut de ceux
qui se marient , & à la sanctifica-

tion de leurs parens. C'est une
fuite de ce qu'ils troubleroient
beaucoup plus le repos de l'Etat
& l'union Chrétienne, qui doit
être dans les familles, que ne feroit la rigueur de quelques peres
à l'égard de leurs enfans.

Il faut mettre la presomption
plûtoft en faveur des peres que
de leurs enfans ; c'est une regle
generale pour établir l'authorité
de tous les Superieurs, & l'obéïf-
fance de ceux qui leurs font fou-
mis. Pour ce qui fait à nôtre fujet, elle est fondée fur ce qu'ordinairement les parens ont la raifon plus formée que leurs enfans.
On ne peut croire que les Mariages des enfans de famille aufquels leurs parens s'oppofent, font
utiles pour leur falut, fans renver-
fer cette regle, puis qu'un pere
feroit injufte s'il refufoit à fon fils
ce qui peut contribuer beaucoup
à fa fatisfaction.

Les Ordonnances de nos Rois

sur ce sujet comme sur plusieurs
autres , sont plus sages que les
Loix Romaines. Elles donnent
des bornes à la dureté des peres,
sans abandonner les enfans à leur
conduite, dans un âge où elle est
souvent imprudente. Elles permettent aux enfans de famille qui ont
vingt-cinq ans, de se marier quoi
que leurs parens ne veulent pas y
consentir, & pour tenir les enfans dans le respect, elles donnent
l'authorité aux parens de les priver de leurs successions s'ils se marient sans avoir requis leur consentement. Cette sage precaution
de l'Etat ne doit point diminuer
la tendresse que les parens sont
obligez d'avoir pour leurs enfans;
& s'ils n'ont que de la dureté,
n'est-il pas juste de laisser aux enfans la liberté de chercher les
moyens de s'en delivrer.

Les raisons qu'on oppose , qui
sont prises du peril de tomber dans
l'incontinence, ou quelques enfans

de famille font expofez , lorfque
leurs parens ne veulent pas con-
fentir qu'ils fe marient, ne prouvent pas plus pour les enfans que
pour les efclaves ; ce n'eft point
l'efclavage ni la liberté civile, qui
rend les hommes plus agreables à
Dieu ; l'ame d'un efclave n'eft
pas moins chere à Jesus-Christ ,
que celle d'un homme libre ; cependant l'Eglife n'a point crû qu'il
falût y avoir égard, lorfque le repos de l'Etat pouvoit être troublé
par les Mariages, que les efclaves
feroient fans le confentement de
leurs maîtres.

Quand il y auroit des enfans de
famille,qui chercheroient la facilité de leur falut dans les Mariages
aufquels leurs parens s'oppofent ,
& qu'il feroit vrai qu'ils font dans
un peril évident de tomber dans
le peché , fi on ne leur permet
point de fe marier, n'eft-il pas toûjours conftant que ces exceptions
font rares , que le libertinage eft

la cause ordinaire qui soûleve les
enfans contre la volonté de leurs
parens ; qu'il y a tres-peu de ces
Mariages qui n'ayent des suites
fâcheuses , & que presque tous
sont contraires à la sanctification
des mariés , troublent la paix des
familles , & le repos de l'Etat.
Toutes ces raisons ne prouvent
donc pas que les Ordonnances de
nos Rois qui declarent non valablement contractez les Mariages
des enfans de famille faits sans le
consentement de leurs parens ,
sont injustes. On pouroit seulement en conclure qu'il est du devoir des Souverains d'en dispenser
quelques-uns sur le temoignage
de leurs Pasteurs ; parce que les
Superieurs Ecclesiastiques dispen-
sent des Loix de l'Eglise sur l'ab-
stinence & le jeûne, ceux que les
Medecins attestent ne pouvoir y
satisfaire sans être exposés à des
maladies dangereuses, peut-on dire
que ces Loix ne sont pas sagement

B b

établies, & que c'est plûtôt aux
Medecins qu'aux Pasteurs, à faire des Reglemens sur cette matiere.

Cette objection suppose une impossibilité morale dans quelques
enfans de famille, de resister aux
tentations causées par leur mauvais
temperament, & que Dieu refuse
la grace necessaire pour garder
la continence, même à ceux qui la
lui demandent de la maniere que
les Chrétiens doivent s'adresser à
lui, pour obtenir les secours dont
ils ont besoin, afin qu'ils le servent fidélement dans l'Etat où il
lui plaît qu'ils vivent, & sous les
Loix des Superieurs qu'il leurs a
donnés. Saint Paul nous aprend
que la continence est une grace
particuliere, mais il ne dit pas que
Dieu ne la donne point à ceux qui
le prient comme Jesus-Christ a
enseigné à ses Disciples qu'il faut
le prier afin d'obtenir tout ce qu'ils
lui demanderont en son nom. Le

saint Concile de Trente dont nous cherchons ici la doctrine , nous aprend Session 24. Can. 9. que Dieu ne la refuse point à ceux qui la demandent de la maniere qu'il faut la demander. *Si quis dixerit posse omnes contrahere matrimonium, qui non sentiunt se castitatis, etiamsi eam voverint, habere donum, Anathema sit, cùm Deus id rectè petentibus non deneget, nec patiatur nos supra id quod possumus tentari.*

L'Etat de ces enfans de famille est-il plus dur, qu'il le seroit s'ils étoient mariés, & que leurs femmes fussent tombées dans une infirmité perpetuelle ? ne seroient-ils pas obligés de vivre dans la continence ? dira-t'on que pour la facilité de leur salut il faut leur laisser la liberté d'épouser une autre femme. Lors que les hommes sont reduits dans des états fâcheux qui ne sont point des suites de leurs crimes , la providence qui a permis qu'ils soyent exposés à ces

dures épreuves, ne les abandonne
point, elle continuë de leur donner les secours qui leurs sont nécessaires pour se sanctifier au milieu de toutes ces difficultés, pendant qu'ils sont fidéles à Dieu,
& qu'ils n'abusent pas de ses graces. *Fidelis autem Deus est, a* dit
l'Apôtre, *qui non patietur vos tentari supra id quod potestis, sed faciet
etiam cum tentatione proventum ut
possitis sustinere.* On ne peut penser
autrement sans supposer que les
commandemens de Dieu sont im-
possibles, même aux justes qui
s'efforcent d'y satisfaire.

Pendant plusieurs siécles l'Eglise
ne permettoit pas à ceux qu'elle
mettoit en penitence publique,
de se marier. C'est une discipline
authorisée par plusieurs Conciles.
Le second d'Arles *b* tenu vers le
milieu du cinquiéme siécle, le sixié-

____

a I. *Cor.* 10. *v.* 13.
b *Concil. Arelat.* 2. *Ca). 21. tom. 4. Concil.
pag.* 1013.

me de *a* Tolede , &. beaucoup d'autres en ont fait des Canons exprés. Elle suppofoit par confequent que Dieu leur donneroit les graces neceffaires pour garder la continence,

La conduite de l'Eglife envers ceux qui avoient commis quelque grand péché d'impureté , ne laiffe aucun lieu de douter de ce qu'elle penfe fur ce fujet. Si Dieu refufoit à quelques-uns les fecours neceffaires pour vivre continens, il y a fondement de croire que ceux qui font tombés dans les impuretés les plus criminelles, font de ce nombre ; cependant l'Eglife leur défend de fe marier. Voici ce qui en a été ordonné dans le Concile de *b* Verberie tenu en 752. Can. 2. *Si aliquis cum filiaftra fua manet, nec matrem, nec filiam ipfius poteft habere, nec ille, nec illa aliis fe poterunt conjungere.*

a Concil. Toletan. 6. can. 8.
b Concil. Vermerienfe. tom. 6 Concil. pag. 1657.

B b iij

Can. 10. Si quis cum noverca suâ, uxore patris sui dormierit, nec ille, nec illa possunt ad conjugium pervenire.

Can. 11. Si quis cum filiastra suâ dormierit, simili sententiæ stare potest; & cum sorore uxoris suæ, simili modo stare potest.

Can. 12. Qui dormierit cum duabus sororibus, & una ex illis antea uxor fuerit, nullam ex illis habeat, nec illa adultera soror, nec ille vir qui cum illa adulteravit, alios unquam accipiant.

Can. 18. Qui cum consobrina uxoris suæ manet, suâ careat, & nullam aliam habeat.

Le Roi Pepin a fait mettre ces Canons dans ses Capitulaires. *a Capitula data apud Vermerium Palatium Regium circa annum Christi 752. in plena Synodo.*

Reginon Abbé de Prom, dans la deuxiéme partie de sa Collection raporte plusieurs autres Canons

a Tom. I. Capitul. pag. 161.

sur cette matiére, qu'il attribuë au Concile de Verberie.

Cap. 216. Si quis cum uxore fratris sui dormierit, adulter & mœcha diebus vitæ suæ absque conjugio maneant.

Cap. 217. Si quis sponsam filii sui oppresserit, & postea filius ejus eam duxerit, pater postmodum non habeat uxorem, nec ipsa mulier virum; filius qui facinus patris ignoravit, aliam accipiat.

Cap. 219. Si quis cum matre & filia fornicatus est, ignorante matre de filia, & filia de matre, ille nunquam accipiat uxorem, illæ verò si volunt, accipiant maritos. Si autem hoc scierint ipsæ fœminæ, absque maritis in perpetuum maneant.

Cap. 220. Similiter & de duabus sororibus, qui cum una in adulterio mansit, & aliam publicè accepit, non habeat mulierem usque in diem mortis, & illa quæ nescivit, accipiat maritum.

Le Concile de Compiégne tenu

en 757. a fait les mêmes *a* reglemens. Ce sont les Canons 8.10.14. & 15. Le Roi Pepin *b* les a mis dans ses Capitulaires. En 813. cette discipline fût confirmée dans le Concile *c* de Mayence Can. 56. *Si quis uxorem viduam duxerit, & postea cum filiastra sua fornicatus fuerit, seu duabus sororibus nupserit, aut si qua duobus fratribus nupserit, seu cum patre & filio, tales copulationes anathematizari & disjungi præcipimus, nec unquam amplius conjugio copulari sed sub magna districtione fieri.* Ce Canon est *d* le chapitre 168. du 5. livre des Capitulaires. Et le *e* chapitre 115. de la 3. Addition. Le Concile de *f* Tribur tenu en 895. ordonna la même chose Can. 43. 44. & 45.

Il y a plusieurs autres Decrets

<hr>

a Concil. Compendiense. Tom. 7. Concil. pag. 1696.
b Tom. 1. Capitul. pag. 182.
c Tom. 7. Conc. pag. 1252.
d Tom. 1. Capitul. pag. 856.
e Ibid. pag. 1178.
f Tom. 9. Concil. pag. 462.

sur ce même sujet dans les Conciles & les Capitulaires de nos Rois, il est inutile de les raporter.

On ordonnoit aussi la même peine pour d'autres crimes. C'est une partie de la penitence que les Evêques assemblés à Thionville *a* en 821. veulent qu'on impose à celui qui auroit tué un Evêque, ils l'ordonnent dans le chapitre quatriéme entre ceux qu'ils presenterent au Roi Loüis le Débonaire, pour les aprouver. *Si quis autem eum (Episcopum) occiderit , carnem non comedat, vinum non bibat omnibus diebus vitæ suæ , cingulum militare deponat , absque spe conjugii in perpetuo maneat.* On imposoit la même peine à ceux qui avoient tué ou blessé dangereusement un Prêtre, ou un Moine, cela est ordonné par le chapitre 98. du 6. livre des *b* Capitul. *Si quis Sacer-*

a *Concil. apud Theodonis. Villam. Tom.* 1 *Capitul. pag.* 618. b *Tom.* 1. *Capitul. pag.* 938.

dorem, vel Levitam, aut Monachum interfecerit, vel debilitaverit, juxta statuta priorum Capitulorum quæ Legi Salicæ sunt addita, componat, & insuper bannum nostrum, id est, sexaginta solidos nobis persolvat, & arma relinquat, atque in Monasterio diebus vitæ suæ sub ardua pœnitentia Deo serviat, nusquàm postmodùm sæculo vel sæcularibus militaturus, neque uxori copulaturus. Isaac *a* Evêque de Langres a mis ce chapitre dans sa Collection tit. 2. c. 9. Et les Peres du Concile de Troili au commencement du 10. siécle, le raportent dans leur Canon 13. contre les homicides.

La discipline qu'on a observée dans plusieurs Eglises à l'égard des veuves des Clercs mineurs, comme sont les Exorcistes, & les Acolythes, prouve la même chose. Voici ce que le *b* 2. Concile de

a *Ibid. pag.* 1252. *& Tom.* 8. *Concil. pag.* 607.
b *Concil. Matisconense* 2. *Tom.* 5. *Concil. pag.* 986.

Macon en a ordonné sur la fin du
6. siecle, Can. 16. *Illud quoque re-*
ctum nobis visum est disponere, ut quæ
uxor Subdiaconi vel Exorcistæ, vel
Acolythi fuerat, mortuo illo, secundo
se non audeat sociare matrimonio ;
quod si fecerit, separetur, & in cœ-
nobiis puellarum Dei tradatur, &
ibidem usque ad exitum vitæ suæ per-
maneat. Un Concile *a* d'Auxerre
tenu en 578. Can. 22. fait les mêmes défenses aux veuves des Prêtres, des Diacres, & des Soûdia-
cres.

L'Eglise n'étoit point touchée
du peril de tomber dans l'incontinence où elle exposoit les veuves
des Clercs, & tous les pecheurs
qu'elle obligeoit de garder une
continence perpetuelle. Ce qui
est encore plus remarquable, elle
imposoit cette peine aux enfans
qui se marioient sans le consente-
tement de leurs parens. *b* Le cha-

a *Concil. Autisiodorense. Tom. 5. Concil. pag. 959.*
b *Tom. 1. Capitul. pag. 959.*

pitre 96. du 6. livre des Capitulaires ordonne , que si le rapt est fait du consentement de la fille, on la mettra en penitence publique , & gardera la continence pendant qu'elle vivra. *Ipsa namque quæ rapitur, si aut primò, aut postmodum, tam nefario sceleri libens consenserit, nunquam postea nubat, sed publicà pœnitentià mulctetur, & sub tali custodia ponatur, ut ei nullatenùs luxuriari cum quoquam liceat.* Isaac *a* Evêque de Langres raporte ce Decret dans le titre onziéme de sa Collection. Je ne repete point ici ce que j'ay dit ailleurs de l'authorité des Capitulaires.

Cette conduite de l'Eglise est bien opposée à la doctrine des Théologiens qui pretendent que les Peres du Concile de Trente touchés du peril de tomber dans l'incontinence où les enfans de famille sont exposés, ont aprouvé

a Ibid. pag. 1279. & *Tom.* 8. *Concil. pag.* 628.

leurs Mariages, quoi qu'ils soient
faits sans le consentement de leurs
parens, & ont dit Anathême aux
Souverains qui les condamnent.
Dans tous les siécles les hommes
ont été sujets aux mêmes passions,
& l'Eglise d'aujourd'hui est celle
qui a fait les Canons que je viens
de raporter. La discipline est differente suivant les diverses circonstances ; l'Eglise est obligée de tolerer dans un temps, ce qu'elle
corrige dans un autre, mais l'esprit
en est toûjours le même. Ces Canons supposent que Dieu ne refuse point la grace necessaire pour
garder la continence, à ceux qui
la lui demandent de la maniere
que les Chrétiens doivent s'addres-
ser à lui, pour obtenir les secours
dont ils ont besoin afin qu'ils le
servent fidélement. Ce sera toûjours la doctrine de l'Eglise, le
saint Concile de Trente s'en explique fort clairement Sess. 24.
Can. 9. Nos adversaires supposent

donc sans fondement que les Peres de ce Concile ont crû que
quelques enfans de famille sont
dans une impossibilité morale de
resister aux tentations qui les portent à l'incontinence.

Les Ordonnances de nos Rois
ne sont point contraires au respect
qu'on doit aux Pasteurs , & à la
déference qu'il faut avoir pour
leurs sages conseils ; mais elles
supposent que les parens étant
incessamment apliqués à observer
la conduite de leurs enfans , ils en
connoissent les vertus & les foi-
blesses beaucoup mieux que les
Pasteurs. Qu'ils cultivent leurs
bonnes qualités , & ne negligent
rien de ce qu'ils croyent necessaire
pour corriger les mauvises. Qu'ils
ont confiance en leurs Pasteurs,
& qu'ils les consultent lors qu'ils
ont besoin de conseil sur les choses qui regardent leur salut, ou celui de leurs enfans.

Je viens de remarquer qu'il faut

mettre la presomption en faveur
des parens, lors que les enfans sont
dans un âge où l'esprit n'est pas
ordinairement bien formé, & leur
conduite est souvent imprudente.
Dans cet état les enfans rarement
prenent confiance en leurs Pasteurs ; s'ils y ont recours quelques
fois, c'est plus souvent pour les
surprendre, que dans le dessein de
suivre leurs conseils, s'ils sont contraires aux engagemens qu'ils veulent prendre. Ce n'est pas la même chose des parens. Lorsque
leurs enfans troublent le repos de
leurs familles, la plus grande partie en cherchent le remede & leur
consolation dans les bons avis de
leurs Pasteurs.

Le libertinage est presque toûjours l'origine des Mariages que
les enfans de famille veulent faire
sans le consentement de leurs parens, & ces intrigues souvent sont
acompagneés des plus grandes debauches, nonobstant la rigueur

des Ordonnances il y en a tous les jours des exemples funestes, & les plus honnêtes familles font encore souvent deshonorées par des alliances honteuses & infames, que les enfans font, lors qu'ils ont l'âge, où les Loix civiles leur permettent de se marier sans le consentement de leurs parens. Que feroit-ce, s'ils en avoient la liberté à quatorze ans. C'est donc sans fondement qu'on veut justifier ces Mariages par la facilité qu'ils donnent aux enfans de se sauver.

On peut ajoûter que les Ordonnances de nos Rois donnent beaucoup plus au Ministére des Pasteurs dans les Mariages Chrétiens, que ne font les Théologiens que j'entreprens de refuter. Elles ne les considerent pas comme des témoins muets, elles mettent la benediction nuptiale (dont ils font les Ministres) entre les choses necessaires pour la validité du Mariage. L'article premier de la fameuse

meuse Ordonnance de 1639. qui
explique les precedentes, y est évident. *Nous voulons que l'article
quarante de l'Ordonnance de Blois
touchant les Mariages clandestins,
soit exactement gardé, & interpretans
icelui, ordonnons que la proclamation
des bancs sera faite par le Curé de
chacune des parties contractantes,
avec le consentement des peres, meres,
tuteurs ou curateurs, s'ils sont enfans
de famille, ou en la puissance d'au-
trui, & qu'à la benediction du Mariage assisteront quatre témoins di-
gnes de foi, outre le Curé, qui recevra le consentement des parties, &
les conjoindra en Mariage suivant
la forme pratiquée en l'Eglise,* si ces
paroles (*& les conjoindra en Mariage suivant la forme pratiquée
en l'Eglise*) n'expriment pas assés
clairement de quelle necessité est
la fonction du Pasteur dans cette
sainte Ceremonie, Mr. Bignon
nous l'aprendra, ce sublime genie

de nôtre siecle, autant recommandable par sa pieté exemplaire que par sa profonde erudition, est un fidéle interprete de cette belle Ordonnance, le Roi Loüis XIII. lui ayant fait l'honneur de se servir de lui pour la dresser. Onze ans aprés qu'elle fût publiée, cette question *a* fût agitée au Parlement de Paris, à l'occasion d'un Mariage contracté dans l'Eglise, par paroles de present; un Notaire ayant reçû le consentement des parties en la presence du Curé, qui ne voulut pas les marier, à cause des defenses de l'Evêque du lieu, la mere du mari en contestoit la validité; elle aportoit pour principal moyen, qu'il n'avoit pas été celebré par le Curé, suivant la forme pratiquée dans l'Eglise, conformement au Concile de Trente, & aux Ordonnances Royaux. M^r. Bignon étant Avocat

____

a Dufrêne. Journal des Audiances. *tom.* 1. *l.* 6. *chap.* 10. *p.* 591.

General conclut à la nullité du Mariage.

Ce pieux usage tant recommandé dans les premiers siécles, n'a pas commencé en France par l'Ordonnance de 1639. Mr. Servin *a* en parle comme d'une chose qu'on observoit long-temps avant lui ; il assûre même que le Parlement de Paris, où il étoit Avocat General au commencement de nôtre siécle, n'avoit aucun égard aux fiançailles qui n'avoient pas été faites par un Euêque ou un Prêtre, c'est dans le plaidoyé qu'il fit l'onziéme jour de Fevrier 1605. Il est le 18. du livre 1. de ses actions notables. La Cour, dit-il, a jugé souventes-fois par ses Arrêts, que quand il n'y a point de fiançailles faites par un Ministre Ecclesiastique, Evêque ou Prêtre, il y a lieu de se departir des pactions, comme depuis quelques années, une

_____

a Actions notables & plaidoyez de Mr. Servin pag. 175.

veuve de Touraine y a été reçûe,
Me. Anne Robert plaidant pour
elle. Un peu plus bas. Il faut di-
ftinguer la copulation naturelle
d'avec la civile, car le Mariage
naturel (s'il le faut ainfi nommer)
fans le Miniftere des perfonnes
Ecclefiaftiques, fans la Benediction
des Anges, c'eft-à-dire des An-
nonciateurs de l'Evangile, des Evêques, des Prêtres, ou autres qui ont
l'Ordre Ecclefiaftique, & qui peuvent marier, eft nul, & c'eft une Hé-
réfie pire que celle des Pélagiens,
de croire que le myftére nuptial
foit le commerce de la chair,
comme le Gloffateur du c. *cùm fo-*
cietas a dit ineptement, &c. *a* Il
parle conformement à ces prin-
cipes dans plufieurs autres plai-
doyers.

Cette doctrine n'eft point nouvelle. Les temoignages de Tertullien, de faint Ambroife, des Papes
Sirice, Innocent I. & faint Leon,

____
a L. 2. Plaid. 62. L. 3. Plaid. 113.

& du quatriéme Concile de Car-
thage tenu en 398. font affés voir
que dans les premiers fiécles on
ne reconnoissoit point les premieres noces pour des Mariages Chrétiens fans la Benediction de l'E-
glife. La réponfe de Nicolas I. aux
Bulgares, les Capitulaires de nos
Rois, & l'authorité qu'on a donnée à la Lettre aux Africains fauf-
fement attribuée au Pape Evarifte,
prouvent évidemment qu'on l'obfervoit encore dans le 8. & le 9. fiécles. *a* L'Empereur Leon le Phi-
lofophe la rétablit chés les Grecs
qui l'avoient negligée pendant
quelque temps. *Sacræ benediClionis
teftimonio matrimonia confirmari jubemus. Adeò ut fi qui citra hanc,
matrimonium ineant, id ne ab initio
quidem ita dici, neque illos in vitæ
illà confuetudine, matrimonii jure po-
tiri velimus. Nihil enim inter cœli-
batum & matrimonium, quod repre-
hendi non debeat, medium invenias.*

____

a Novell. conftitut. 89.

Conjugalis vitæ desiderio teneris? Conjugii leges serves necesse est. Displicent matrimonii molestiæ? Celebs vivas, neque matrimonium adulteres, neque falso cœlibatûs nomine culpam prætexas. Alexis Comnéne premier Empereur de ce nom, a confirmé cette Loix *a* dans deux de ses Ordonnances.

Ceux qui disent que les Ordonnances de nos Rois sur les Mariages des enfans de famille sont contraires au Concile de Trente, soûtiennent que suivant ce Concile, la benediction nuptiale n'est point necessaire pour la validité d'un Mariage Chrétien. Ils pretendent même que la Congregation établie pour resoudre les difficultés qui pouvoient arriver sur l'explication de ses Decrets, l'a expliqué dans leur sens, ils disent que le Concile de Trente ayant ordonné Session 24. chapitre 1. *de*

a La 3. & la 4. dans l'edition de Godefroy.
La 3. & la 5. dans l'edition de Leunclavius.

reform. que ceux qui veulent être mariés recevront à l'Eglise la Benediction nuptiale, & que le Prêtre qui fera cette ceremonie dira, *Ego vos in matrimonium conjungo in nomine Patris, &c.* Ce Decret donna occasion de proposer à la Congregation, s'il étoit necessaire pour la validité du Mariage, que le Prêtre prononçât quelques paroles, & si ce n'étoit pas assés qu'il fût témoin du consentement mutuel des parties contractantes. Voici la réponse qu'ils en aportent, *Non pertinet ad substantiam matrimonii ut Parochus aliqua verba proferat, ideò valet matrimonium, quamvis verba exprimentia consensum, prolata sint tantùm à contrahentibus, dummodò Parochus sit præsens, & intelligat id quod agitur, licet dissentiat & contradicat.* Dans une autre réponse de la même Congregation. *Etsi Parochus nihil dicat, constat*

Joann. de Gallemart. edition de Doüay en 1618. pag. 185.

*tamen matrimonium , modo partes
contrahant.*

Si c'est là l'esprit des Peres du
Concile de Trente, leur dessein
n'a pas été d'ordonner que l'approbation des Pasteurs soit une
precaution contre le libertinage
des enfans de famille ; l'Eglise re-
connoîtra toûjours leurs Mariages
pour véritables, & les enfans qui
en naîtront, pour legitimes, quoique leurs pasteurs s'y soient opposés, & qu'ils ayent employé toute
l'authorité que Dieu leur a donnée, pour en empécher l'accom-
plissement, jusques à refuser de
leur donner la Benediction nuptiale. *Etsi Parochus nihil dicat ,
intersit invitus. Licet dissentiat &
contradicat*, tout cela est inutile,
c'est un remede qui n'est d'aucun
usage contre de si grands désordres. Tous ceux qui diront que
le Mariage des enfans de famille
commencé & consommé par leurs
débauches , est nul si les parens
s'y

s'y opposent , qu'ils soyent Ana-
thêmes. Les Loix des Souverains
qui en ordonnent autrement, tendent au Schisme. C'est un erreur
de pretendre que cette union n'est
point legitime sans la benediction
Ecclesiastique. Dieu veut que les
libertins ayent tout pouvoir de
couronner leurs déreglemens par
la profanation du Sacrement de
Mariage , & qu'il n'y ait point
d'authorité qui puisse empêcher
les desordres que la consommation de leurs débauches peut causer dans leurs familles & dans tout
l'Etat. Ce sont autant de suites
des sentimens de nos adversaires.
Est-ce-là une Morale Chrêtienne?
Peut-on penser que ce sont les
Decrets d'une assemblée qui est
la regle de nôtre Foi, & l'organe
du Saint Esprit pour nous apren-
dre ce que nous devons croire &
ce que nous sommes obligés de
faire. C'est cependant la doctrine
qu'on pretend être des Peres du

D d

ſaint Concile de Trente, on abu-
ſe de l'authorité de ces ſaints &
ſçavans Evêques pour faire recevoir ces erreurs comme autant de
regles de la conduite des Chrétiens, & on condamne les ſages
Ordonnances de nos Rois qui
conſervent dans ce Roiaume une
diſcipline conforme à l'eſprit de
l'Egliſe, pour le repos de l'Etat,
l'union des familles, l'honneur de
la religion, & la ſanctification de
ceux qui reçoivent le Sacrement
de Mariage.

J'ay dit que nos adverſaires
pretendent que la Congregation
établië pour reſoudre les difficultés qui pourroient arriver ſur l'explication des Decrets du ſaint
Concile de Trente, l'a expliqué
dans leur ſens. Je ne veux pas ac-
cuſer cette Illuſtre Compagnie
d'avoir été dans ce ſentiment,
au contraire je ſuis perſuadé qu'elle
ne l'a jamais favoriſé. Ceux qui
lui ont imputé, ſont fondés ſur un

recüeil d'explications du Concile de Trente couchées en forme de decisions, qu'on attribuë à cette congregation, dans lequel se trouve ce que nos adversaires en raportent, mais ce recueil n'est d'aucune authorité ; il a même été désavoüé par la Congregation, & afin qu'à l'avenir il ne pût faire tomber personne dans l'erreur, en 1621. elle le fit mettre au nombre des livres défendus, comme rempli d'erreurs, & de decisions contraires à celles qu'elle avoit donnée. *Aliquot volumina declarationum ementito ipsius congregationis nomine prodiisse in lucem, quas tamen in tenebris delituisse consultiùs fuisset, quando nedum undique scatent erroribus, sed alicubi etiam veræ ac germanæ sacrosanctæ Synodi intelligentiæ prorsus adversantur. Propterea decreverunt Indici librorum prohibitorum addendas esse omnes & quascumque collectiones declarationum, decisionum, seu interpretatio-*

*num Congregationis Concilii impreſſas
vel imprimendas , præſertim verò edi-
tiones infraſcriptas. Omnes ſupradi-
ctas Collectiones , Declarationes , Deciſiones , ac Interpretationes Congregationis Concilii tùm impreſſas tùm
imprimendas , & præcipuè ſupra ex-
preſſas , præſenti Decreto ob id ſpecia-
liter facto prohibet , mandans ſingu-
lis cujuſcumque gradûs & conditionis
ſub pœnis in Indice librorum prohibitorum contentis , ne in poſterum à præ-
ſentis Decreti notitia aliquas amplius hujuſmodi Concilii Collectiones ,
Declarationes , Deciſiones , ac Interpretationes imprimere , legere , vel
quomodocumque etiam ſine aliâ Su-
periorum licentia , apud ſe detinere
audeant.*

Le Pape Urbain VIII. ne s'eſt
pas contenté de ce Decret , il en
a fait un autre en 1631. par lequel
il ordonne qu'on n'ajoûte aucune
foi aux declarations qu'on dit être
de cette Congregation , ſi elles
n'ont été expediées en forme au-

thentique, scelées du sceau ordinaire, & signées du Cardinal qui étoit
alors Prefet de la Congregation,
& du Secretaire. *Declarationibus*
ejusdem sanctæ Congregationis tàm
impressis & imprimendis, quàm ma-
nu scriptis nullam fidem esse in judi-
cio, vel extra à quoquam adhiben-
dum, nisi illis quæ in authentica for-
ma, solito sigillo, & subscriptione
Eminentissimi Cardinalis Præfecti ac
Secretarii ejusdem Congregationis pro
tempore existentium, munitæ fuerint.

Nos adversaires ne trouveront
point que les declarations sur lesquelles ils se fondent, ayent toutes ces marques ordonnées par
Urbain VIII. c'est donc sans fondement qu'ils veulent s'en servir
pour attribuer leur sentiment à la
Congregation établie pour resoudre les difficultés sur l'interpretation des Decrets du saint Concile
de Trente.

Voilà ce que j'ay remarqué pour
la justification de nos usages, que

e peux presentement donner au
public. Je n'ay eû d'autres veuës
dans tout ce traitté que de tâcher
de penetrer les sentimens du saint
Concile de Trente sur les Mariages des enfans de famille faits sans
le consentement de leurs parens,
& de decouvrir quel a été l'esprit de l'Eglise sur cette matiere
dans les siecles precedens, je ne
suis attaché par aucune preven-
tion aux reflexions que j'y ay faites; je les soûmets, comme je dois,
au jugement de l'Eglise & de ses
Pasteurs, je m'estimerai même
tres-obligé à tous ceux qui auront
la bonté de m'avertir des défauts
qu'ils y auront remarquez.

F I N.